Helga Silly

FILETHÄKELN

100 Muster – von klein bis groß

IMPRESSUM

Umschlagbild Vorderseite: Werbeagentur Rypka GmbH, 8143 Dobl/Graz, www.rypka.at
Die Fotos im Innenteil stammen dankenswerterweise von der Autorin.

Bibliographische Information der
Deutschen Nationalbibliothek
Die Deutsche Nationalbibliothek verzeichnet diese Publikation in der Deutschen Nationalbibliographie; detaillierte bibliographische Daten sind im Internet über http://dnb.d-nb.de abrufbar.

Hinweis:
Dieses Buch wurde auf chlorfrei gebleichtem Papier gedruckt. Die zum Schutz vor Verschmutzung verwendete Einschweißfolie ist aus Polyethylen chlor- und schwefelfrei hergestellt. Diese umweltfreundliche Folie verhält sich grundwasserneutral, ist voll recyclingfähig und verbrennt in Müllverbrennungsanlagen völlig ungiftig.
Auf Wunsch senden wir Ihnen gerne kostenlos unser Verlagsverzeichnis zu:
Leopold Stocker Verlag GmbH
Hofgasse 5 / Postfach 438
A-8011 Graz
Tel.: +43 (0)316/82 16 36
Fax: +43 (0)316/83 56 12
E-Mail: stocker-verlag@stocker-verlag.com
www.stocker-verlag.com

ISBN 978-3-7020-2246-4

Layout: Werbeagentur Rypka GmbH, 8143 Dobl, www.rypka.at

INHALT

HÄKELN WIE ZU OMAS ZEITEN!

Ich möchte mich kurz vorstellen. Mit 19 Jahren wurde ich Schneidermeisterin. Neben Beruf und Familie wollte ich auch handarbeiten. Nach Stricken und Kreuzstichsticken begann ich mit dem Filethäkeln – der Jugendstil war mein großes Ziel.

Da es keine Vorlagen gab, begann ich, selbst Muster zu zeichnen. Mein damaliger Freund errechnete mir, ausgehend von meinen fertigen Häkelarbeiten, einen eigenen Raster fürs Filethäkeln, sodass ich fortan die Muster so zeichnen konnte, wie sie dann auch als fertige Häkelstücke aussahen. Bei quadratischen Kästchen entstehen mehr Reihen als Kästchen in der Breite. Daher sind die Muster nicht für Kreuzstiche geeignet. Das Ergebnis war mein erstes Buch „Filethäkeln – Jugendstil und Art déco", das 2009 im Leopold Stocker Verlag erschienen ist. 2020 folgte dann mein zweiten Buch „Filethäkeln – Alle 12 Sternzeichen und viele weitere Motive".

Mein neues und mittlerweile drittes Buch beinhaltet Vorlagen für Servietten-Zierschlaufen, Handtuchborten, Speisesets und Läufer in verschiedenen Breiten. Die quadratischen Deckchen sind für Kaffeetassen, Platzteller und Brotkörbchen verwendbar. Ein Läufer und eine Milieudecke mit allen 12 symbolischen Sternzeichen sind auch im Buch.

Viel Geduld, Ausdauer und gutes Gelingen wünscht Ihnen
Helga Silly

Basisinformationen zu den Häkelvorlagen

Alle Häkelvorlagen sind nicht für Kreuzstich oder Doppelstäbchen geeignet. (Die Kästchen sind nicht quadratisch). Bei quadratischen Mustern sind daher mehr Reihen in der Höhe als Kästchen in der Breite.

TIPPS ZUM ANSCHLAGEN

Schlagen Sie ein paar Maschen mehr an (3–5) als angegeben. Die angegebene Maschenanzahl beinhaltet bereits die 5 Maschen zum Wenden. Das 1. Stäbchen in die 8. Luftmasche hängen. Die Maschen, die zu viel angeschlagen wurden, können wieder Masche für Masche leicht aufgelöst werden.

GARNANGABEN UND RICHTIGE HÄKELNADEL:

Garnstärke 15	Häkelnadel 1,50
Garnstärke 20	Häkelnadel 1,25
Garnstärke 10	Häkelnadel 1,75

Bei Garnstärke 15 können Zirka 5000 Kästchen gehäkelt werden, bei Garnstärke 20 können zirka 7000 Kästchen gehäkelt werden. (Formel: Kästchenanzahl einer Reihe x Reihenanzahl ergibt gesamt die Kästchenanzahl des Stückes)

GRÖSSENBERECHNUNGEN (NACH SCHON HEISS GEWASCHENEN STÜCKEN):

Garnstärke 15	Garnstärke 20
21 Kästchen = 10 cm	23 Kästchen = 10 cm
26 Reihen = 10 cm	28 Reihen = 10 cm

KÄSTCHENBESCHREIBUNG:

1 Grundkästchen = 1 Stäbchen, 2 Luftmaschen, 1 Stäbchen
1 volles Kästchen = 4 Stäbchen
2 volle Kästchen = 7 Stäbchen
3 volle Kästchen = 10 Stäbchen
4 und mehr volle Kästchen = Kästchenanzahl x 3 + 1 ergibt die genaue Stäbchenanzahl

ABKÜRZUNGEN:

GK .... Grundkästchen	**vK** .... volles Kästchen
K .... Kästchen	**fM** .... Feste Masche
R .... Reihe	**G** .... Garn
ST .... Stäbchen	**MA** .... Maschenanzahl (Anschlag)
LM .... Luftmasche	⇄ Häkelrichtung

PERSÖNLICHE TIPPS

Wickeln Sie den Faden auf der linken Hand nicht 2 x, sondern 3 x um den Zeigefinger. Das Stück wird fester und gleichmäßiger gehäkelt. Die gewaschenen Arbeiten müssen nur gebügelt werden (weder gestärkt noch gespannt). Die Anfangs- und Endfäden immer im umhäkelten Rand vernähen. (Mit neuem Garn immer am Rand beginnen.)

LEICHTES NACHHÄKELN DER VORLAGEN

Abdecken der Reihen mit einem breiten Kartonstreifen (5–10 cm breit). Reihe für Reihe weiterschieben, sodass man nur die schon gehäkelten Reihen sehen kann.

KORDEL FÜR SERVIETTENRINGE

5 Fäden von Garnstärke 20 (Länge: 95 cm) zu einer Kordel drehen und verknoten. Die fertige Länge beträgt dann 35 cm. Wenn Sie möchten, können Sie stattdessen auch ein buntes Band nehmen.

KORBGEFLECHTMUSTER:

Wird auch Netzmuster oder Rohrgeflechtmuster genannt.

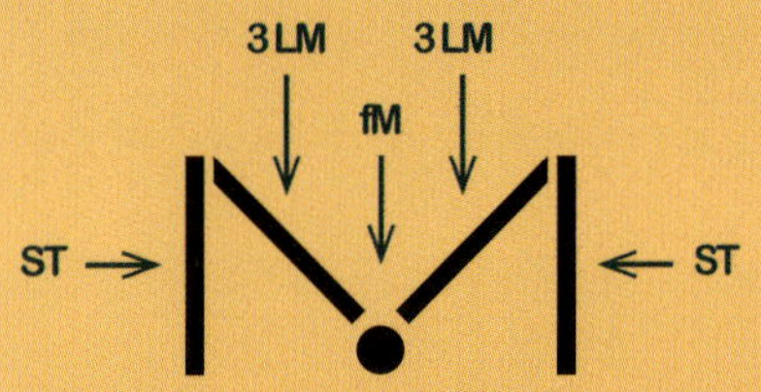

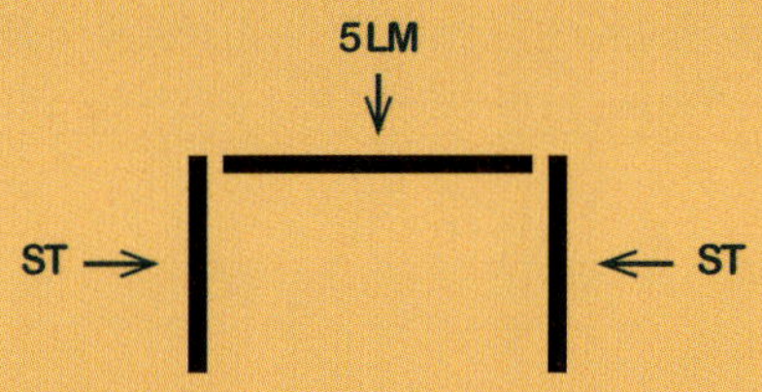

GLEICHLAUFENDES KORBGEFLECHTMUSTER:

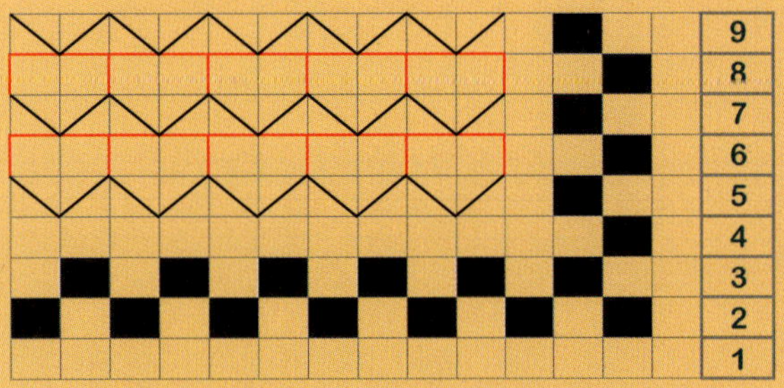

(Darstellung in der Anleitung)

Zeichnungserklärung von rechts nach links:

1. R = Grundkästchen
2. R = 1 GK, 1 vK, 1 GK, 1 vK usw.
3. R = 2 GK, 1 vK, 1 GK, 1 vK usw.
4. R = 1 GK, 1 vK, weiter nur GK
5. R = 2 GK, 1 vK, 1 GK, * 3 LM, 1 fM, 3 LM, 1 ST (ab * 4-mal wiederholen)
6. R = 1 GK, 1 vK, 2 GK, * 5 LM, 1 ST, 5 LM, 1 ST (ab * 3-mal wiederholen)
7. R = wie 5. R
8. R = wie 6. R
9. R = wie 7. R

Das angegebene Randmuster ergibt einen Zierrand. (Auf einigen Vorlagen zu sehen.)

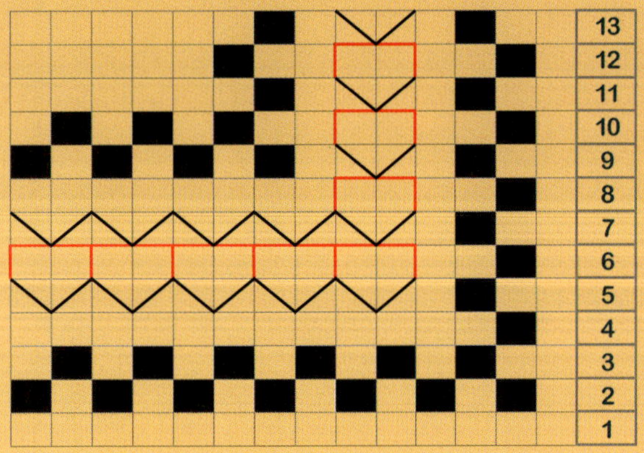

VERSETZTES KORBGEFLECHTMUSTER:

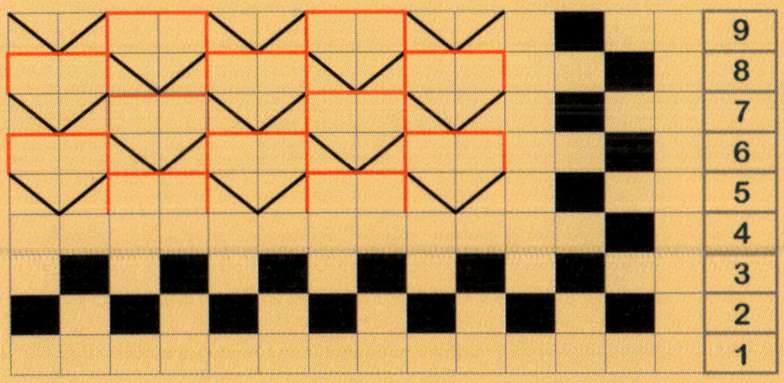

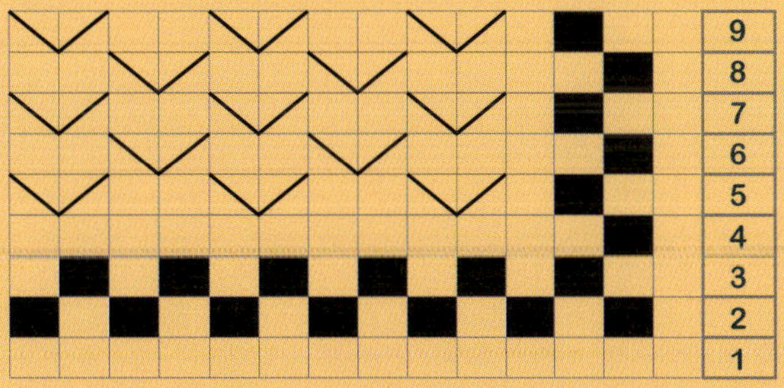

(Darstellung in der Anleitung)

1.–4. R = wie beim gleichlaufenden Korbgeflechtmuster.
5. R = 2 GK, 1 vK, 1 GK, * 3 LM, 1 fM, 3 LM, 1 ST, 5 LM, 1 ST (ab * wiederholen)
6. R = 1 GK, 1 vK, 2 GK, * 5 LM, 1 ST, 3 LM, 1 fM, 3 LM, 1 ST (ab * wiederholen)
7. R = wie 5. R
8. R = wie 6. R
9. R = wie 7. R

Beim gleichlaufenden Korbgeflechtmuster wird die feste Masche über der Grundkästchenreihe in das Stäbchen gehängt. In der nächsten Reihe wird die feste Masche in die 5 Luftmaschen gehängt.
Die Reihe über dem Korbgeflechtmuster häkelt man immer nur Grundkästchen. Dabei wird ein Stäbchen auch auf die feste Masche gehängt. Beim Randmuster entsteht dadurch ein nettes Lochmuster.

UMHÄKELN DER FERTIGEN STÜCKE:

Ein Picot = 3 Luftmaschen, in die 1. Luftmasche eine feste Masche häkeln.
Längsseite: 2 feste Maschen ins Eck-Kästchen häkeln. Danach 1 Picot über das Stäbchen ins nächste Kästchen. Dann 1 Luftmasche häkeln und mit einer festen Masche ins nächste Kästchen einhängen. Nun wieder mit 1 Picot beginnen und wiederholen.
Breitseite: Hier machen Sie nun eine zweite feste Masche neben jedes in das Kästchen eingehängte Picot. 1 Luftmasche über das Stäbchen häkeln und mit einer festen Masche im nächsten Kästchen einhängen. Nun wieder ein Picot häkeln und wiederholen.
In den Ecken müssen Sie etwas mogeln, da es sich nicht immer genau ausgeht. Das Picot soll direkt an der Ecke sein.

Nun viel Freude mit dem Häkeln und gutes Gelingen.

IHRE HELGA SILLY

HÄKEL-
VORLAGEN

SCHLAUFEN FÜR SERVIETTEN

Die Musterstreifen zusammenlegen und in die unteren Löcher eine Kordel (siehe S. 7, fertig 35 cm lang) oder ein Band einziehen und zu einer Masche binden (siehe Fotos, S. 4 und 6).

Alle 6 Muster 9 K 33 MA ⇄ 4 cm 20 G

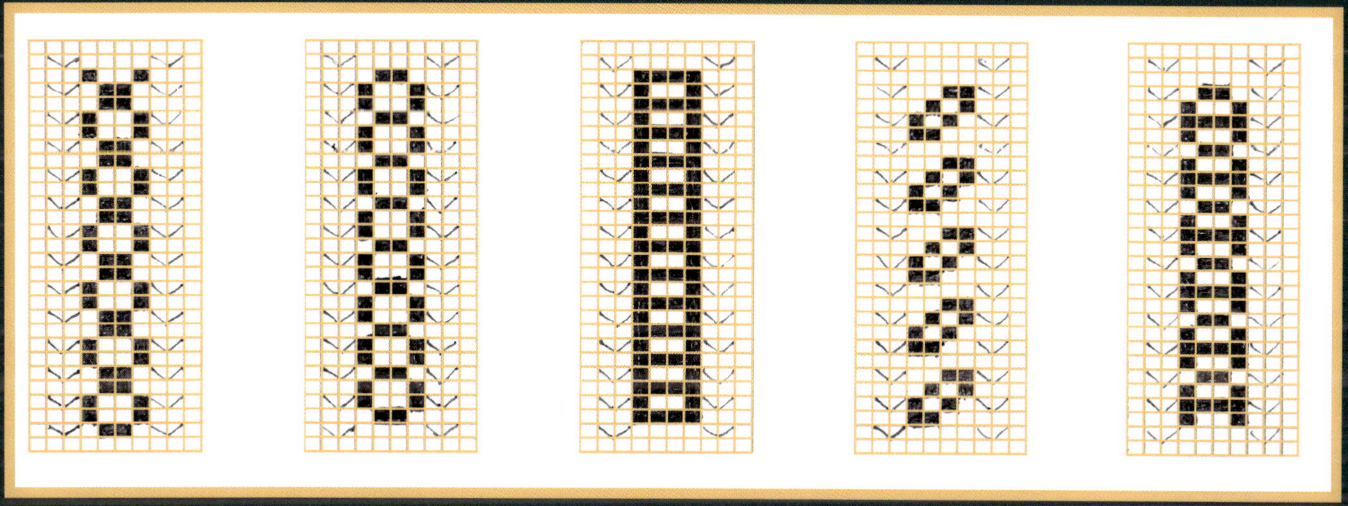

Alle 5 Muster 10 K 36 MA ⇄ 5 cm 20 G

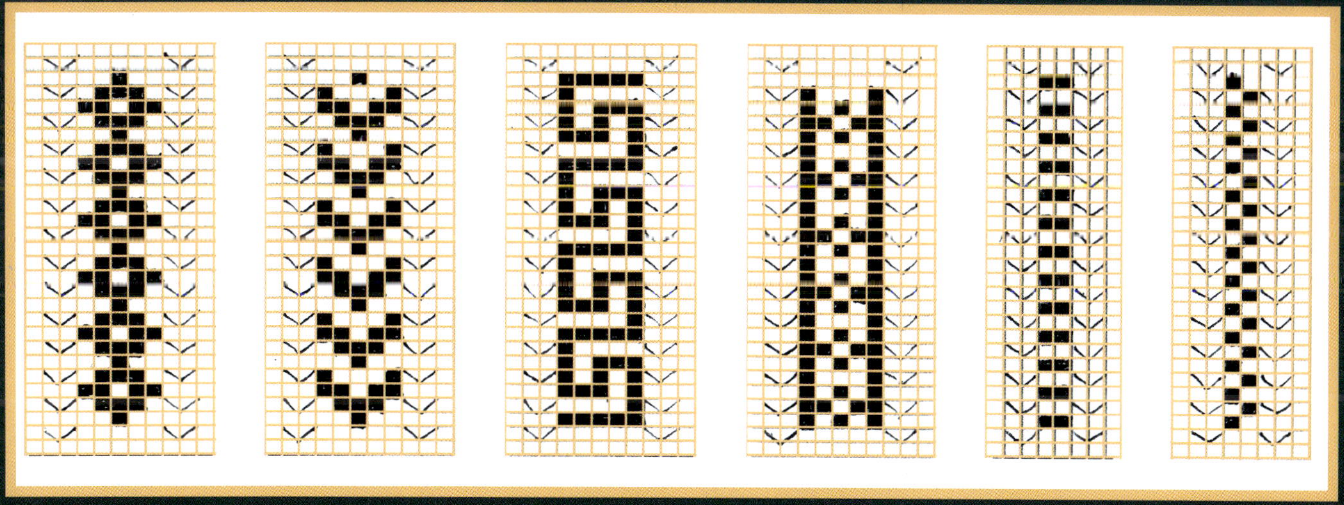

Alle 4 Muster 11 K 39 MA ⇄ 5,5 cm 20 G

⇄ Beide Muster 8 K 30 MA 3,5 cm 20 G

HANDTUCHBORTEN FÜR GÄSTEHANDTÜCHER
30 cm breit

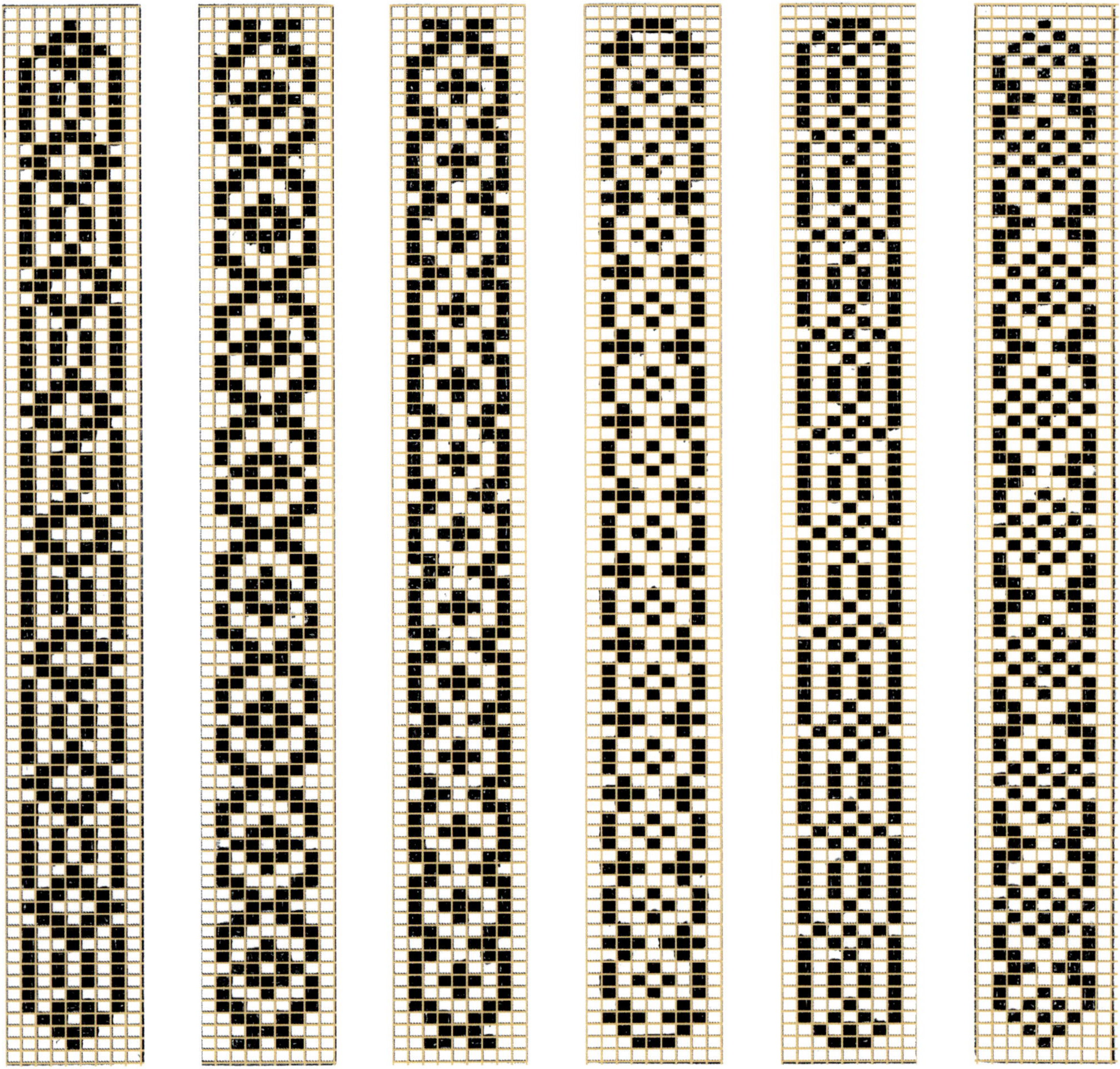

Alle 6 Muster 9 K 33 MA ⇄ 4 cm 20 G

QUADRATISCHE DECKCHEN

Einige verschieden große quadratische Deckchen. Verwendbar für Platzteller, Kaffeetassen, Brotkörbchen und Sonstiges.

40 K 126 MA ⇄ 18 x 18 cm 20 G

47 K 147 MA ⇄ 21 x 21 cm 20 G

47 K 147 MA ⇄ 23 x 23 cm 20 G

43 K 135 MA ⇄ 20 x 20 cm 20 G

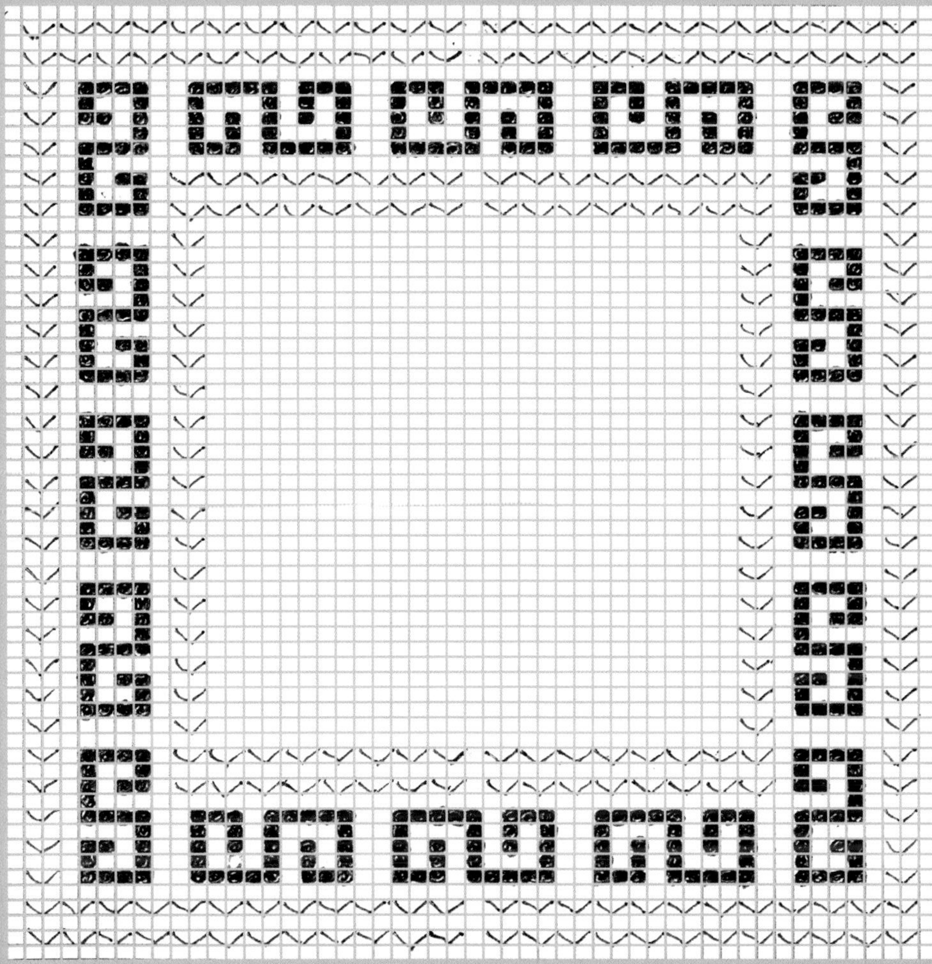

51 K 159 MA ⇄ 24 x 24 cm 20 G

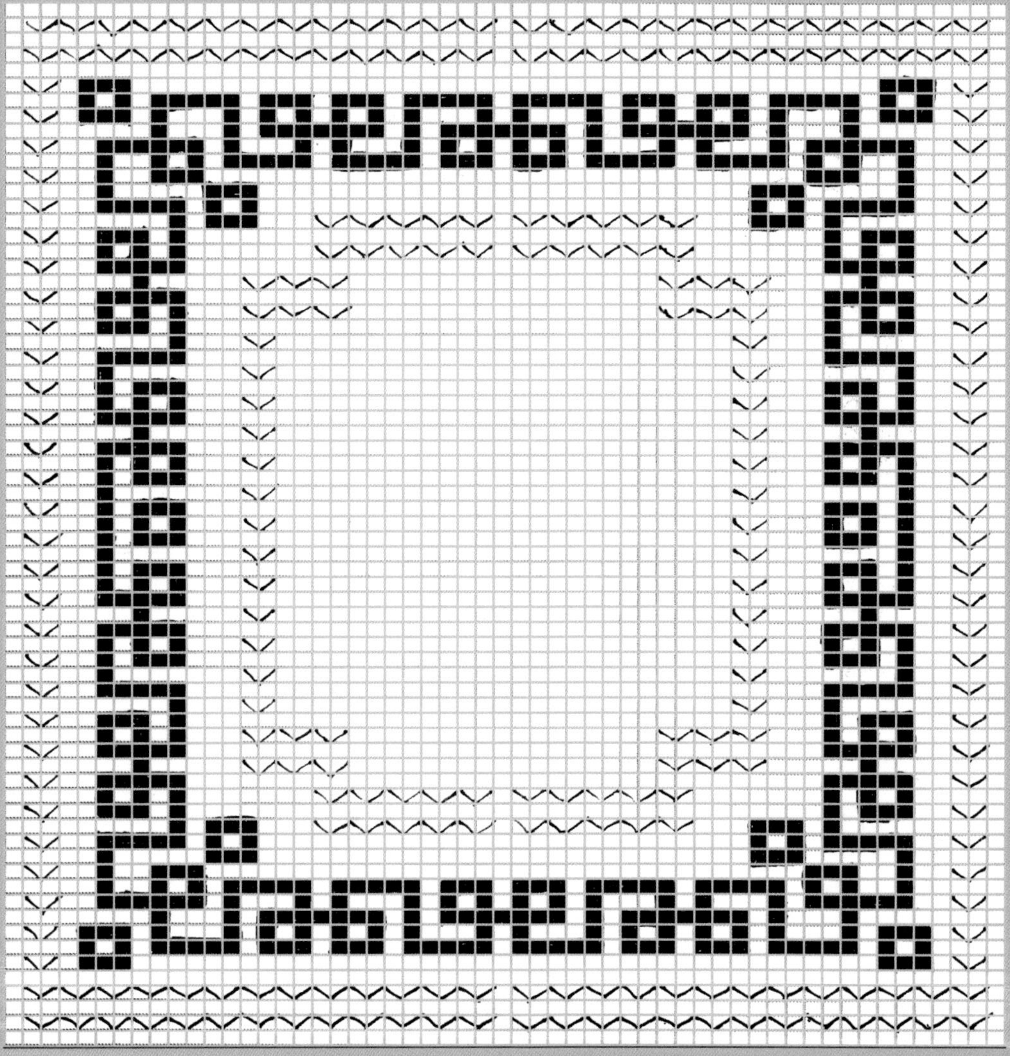

55 K 171 MA ⇄ 24 x 24 cm 20 G

43 K 135 MA ⇄ 20 x 20 cm 20 G

47 K 147 MA ⇄ 21,5 x 21,5 cm 20 G

46 K 144 MA ⇄ 21 x 21 cm 20 G

45 K 141 MA ⇄ 22 x 22 cm 20 G

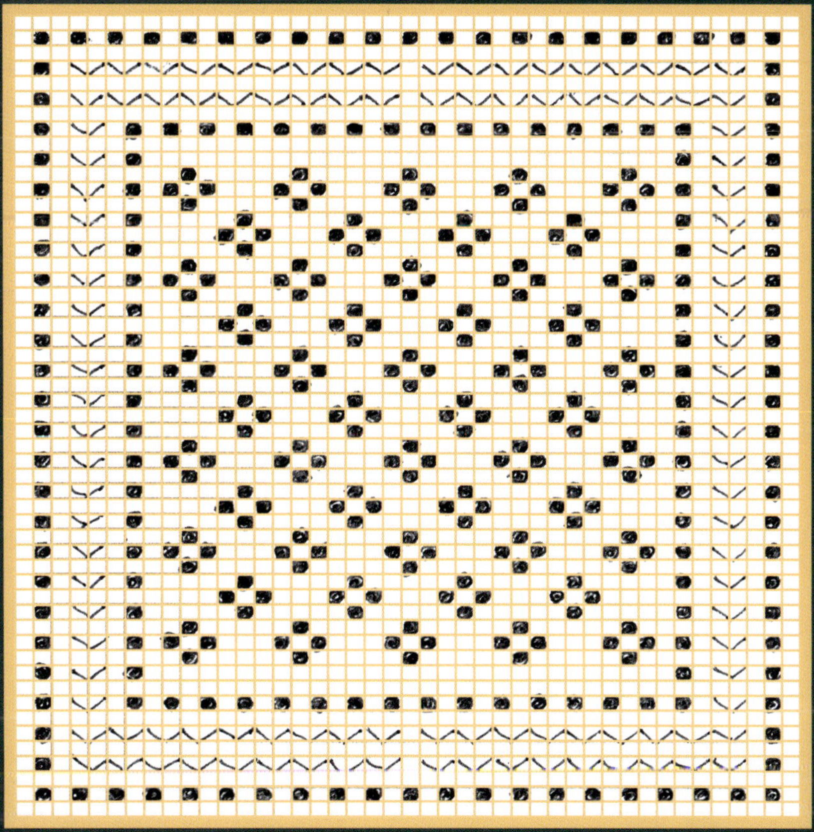

43 K 135 MA ⇄ 20 x 20 cm 20 G

45 K 141 MA ⇄ 21 x 21 cm 20 G

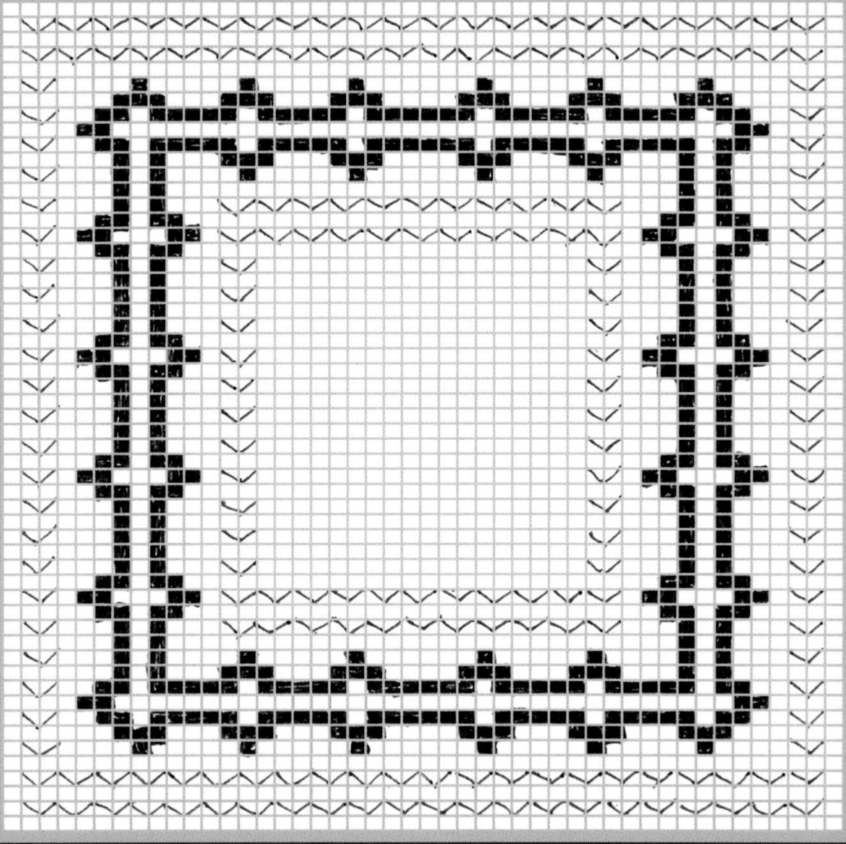

46 K 144 MA ⇄ 20 x 20 cm 20 G

51 K 159 MA ⇄ 23 x 23 cm 20 G

45 K 141 MA ⇄ 20 x 20 cm 20 G

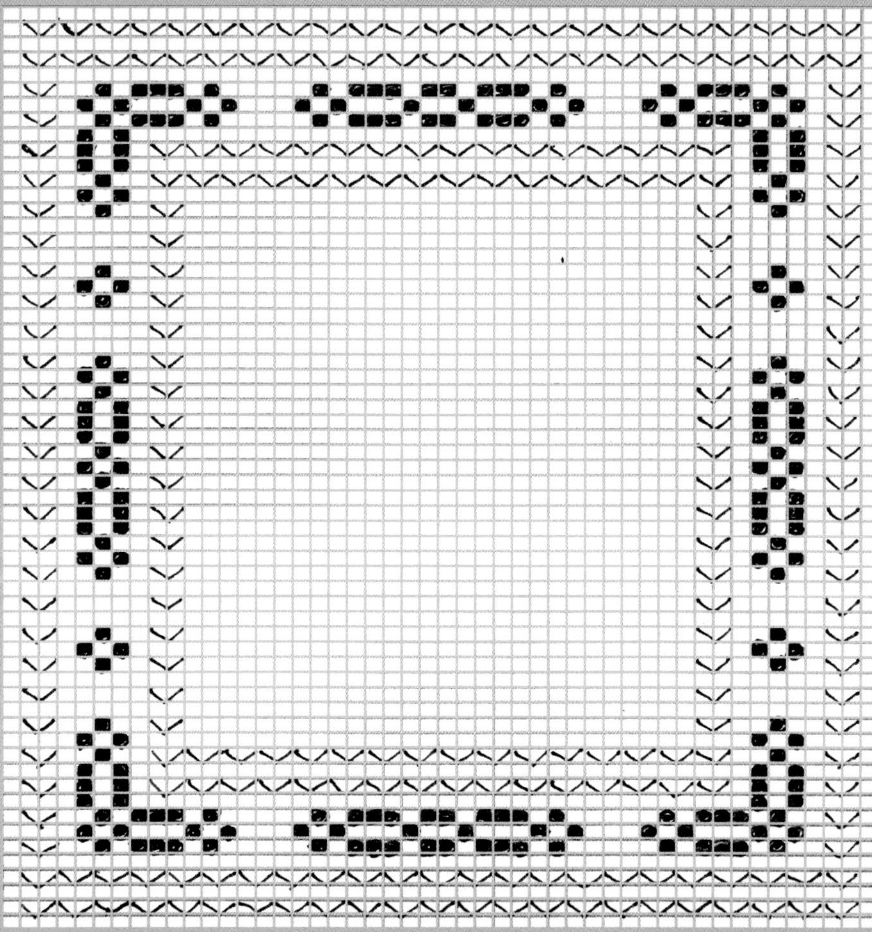

48 K 150 MA ⇄ 22 x 22 cm 20 G

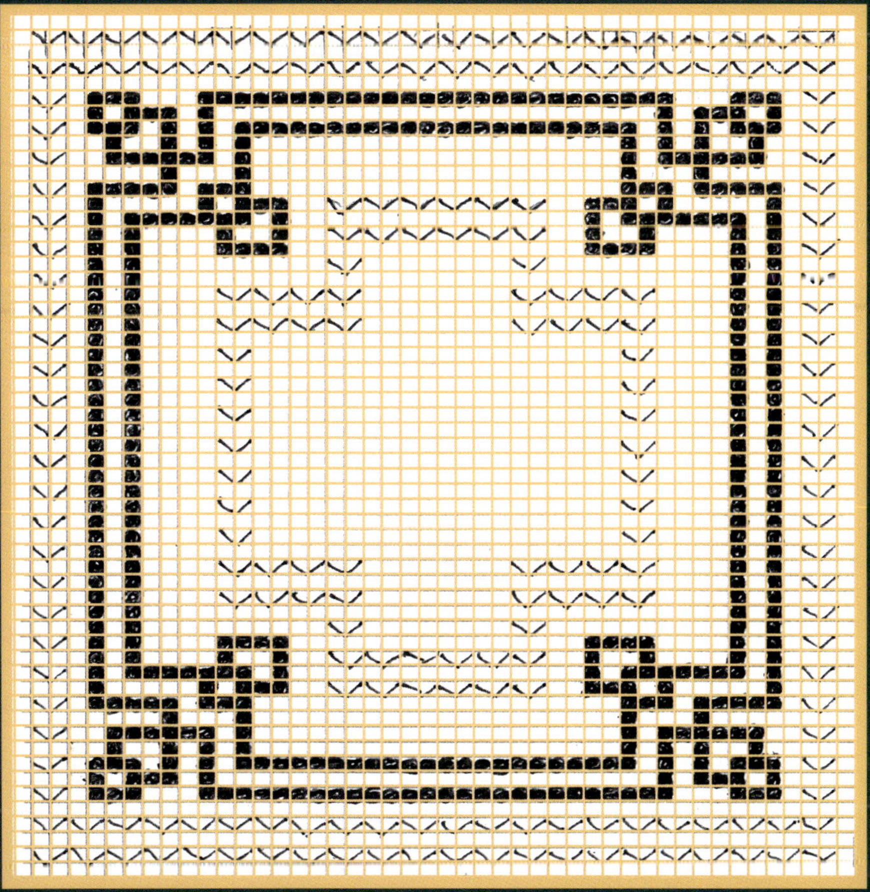

46 K 144 MA ⇄ 22 x 22 cm 20 G

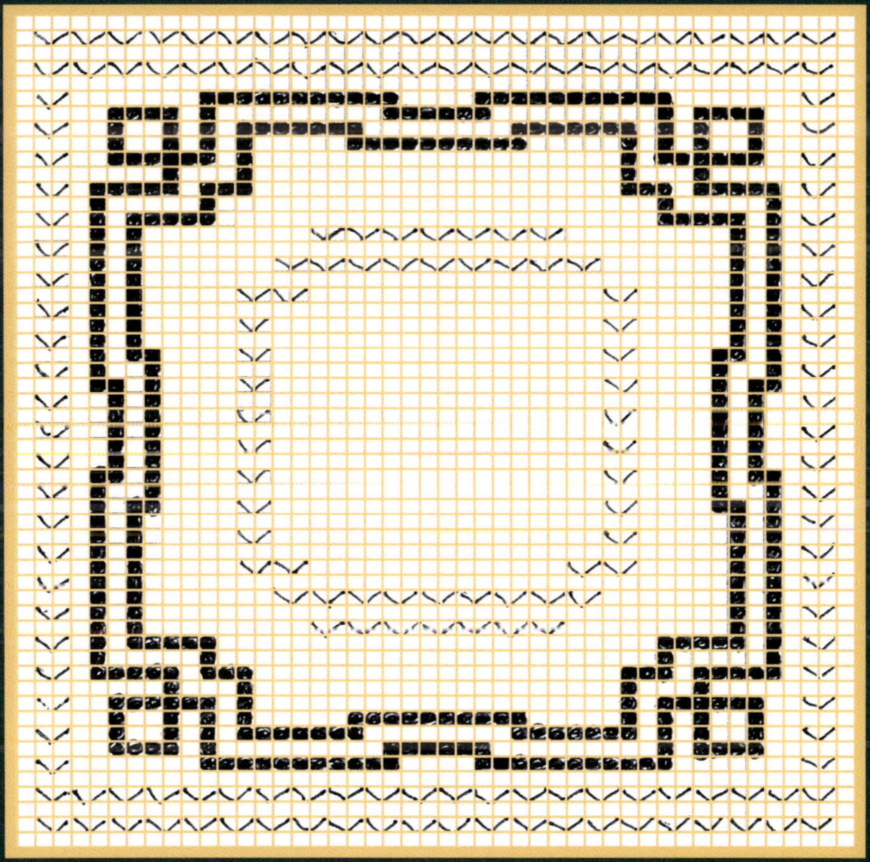

46 K 144 MA ⇄ 22 x 22 cm 20 G

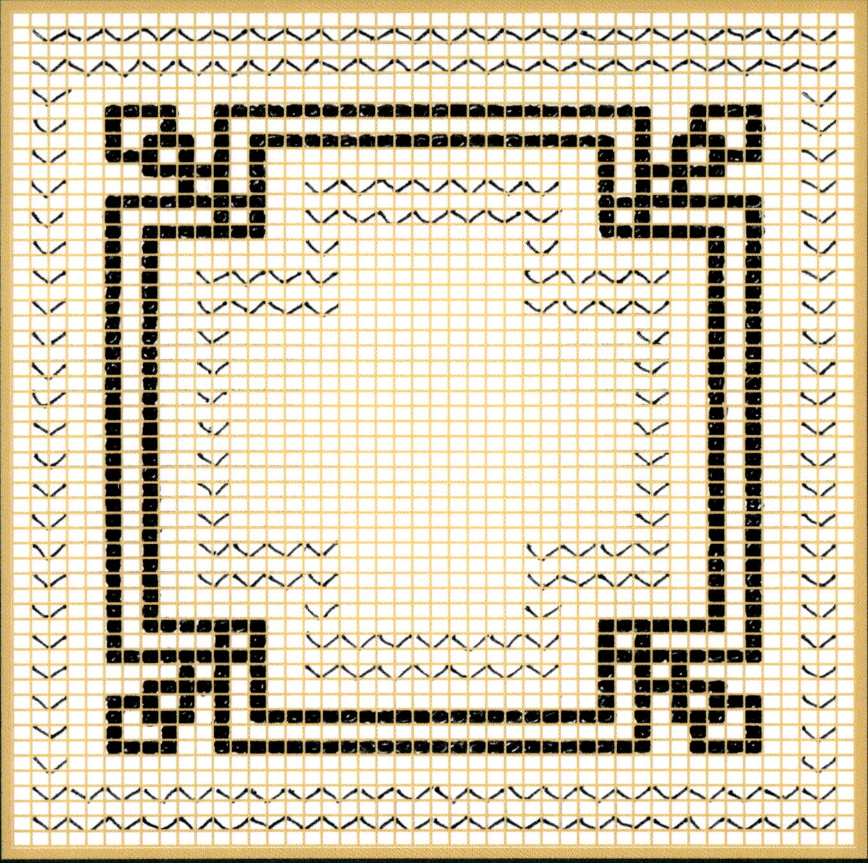

46 K 144 MA ⇄ 22 x 22 cm 20 G

46 K 144 MA ⇄ 22 x 22 cm 20 G

46 K 144 MA ⇄ 22 x 22 cm 20 G

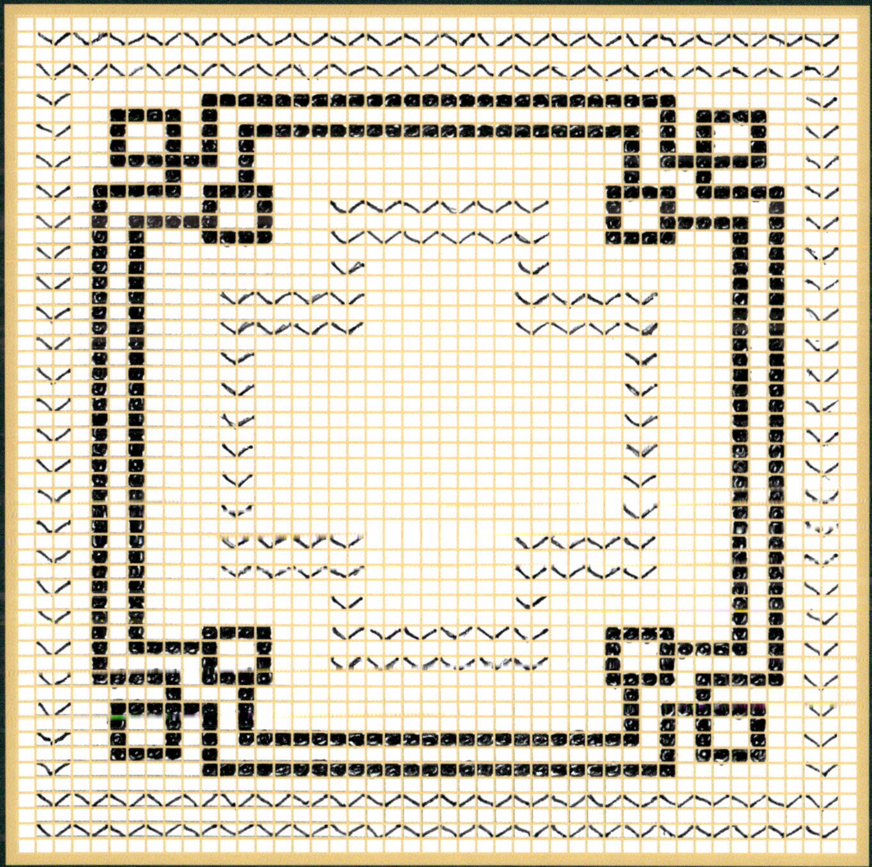

46 K 144 MA ⇄ 22 x 22 cm 20 G

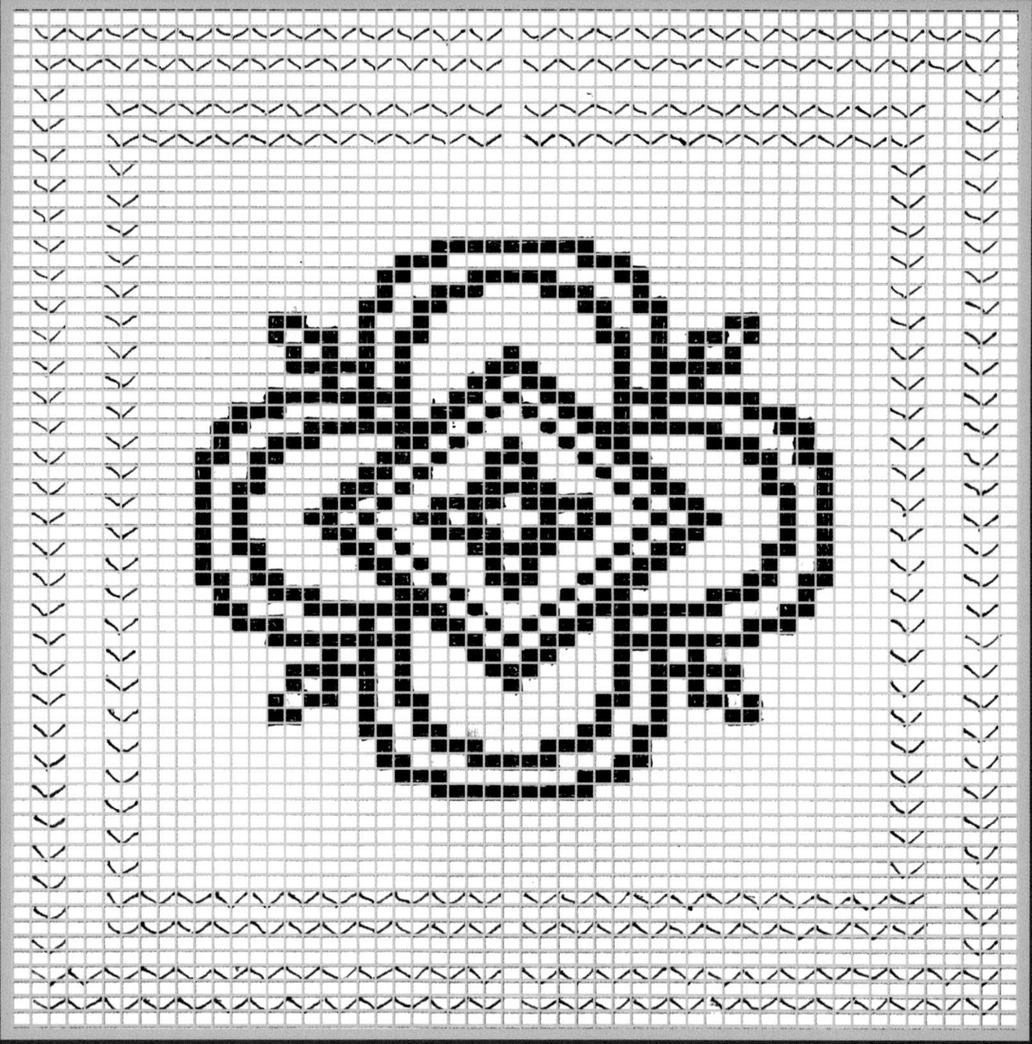

55 K 171 MA ⇄ 24 x 24 cm 20 G

40 K 126 MA ⇄ 19 x 19 cm 20 G

51 K 159 MA ⇄ 23 x 23 cm 20 G

43 K 135 MA ⇄ 20 x 20 cm 20 G

51 K 159 MA ⇄ 23 x 23 cm 20 G

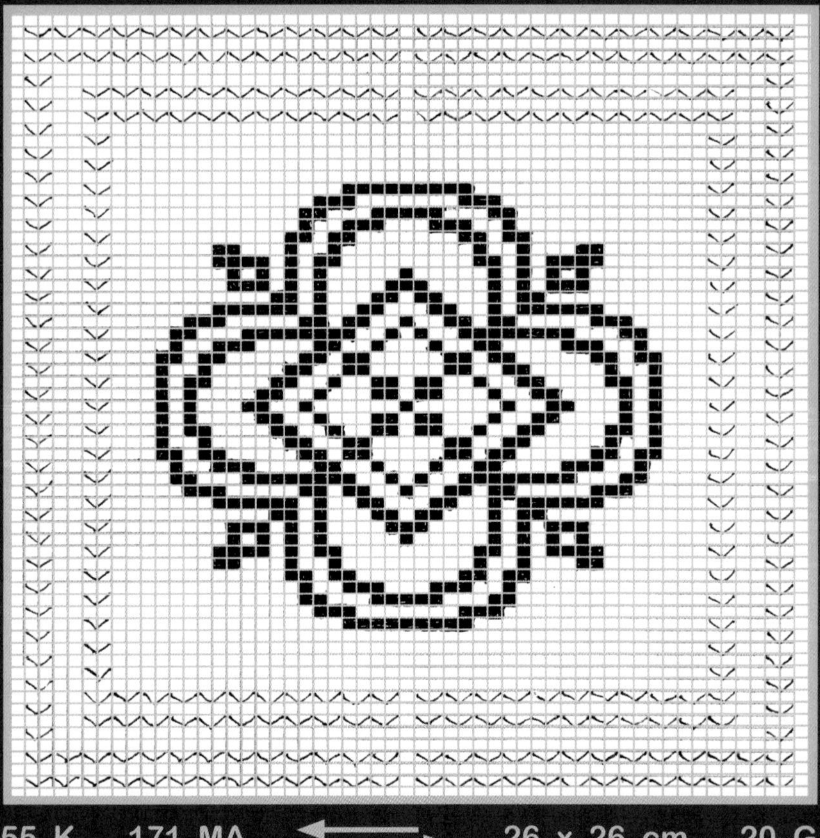

55 K 171 MA ⇄ 26 x 26 cm 20 G

55 K 171 MA ⇄ 27 x 33 om 15 G

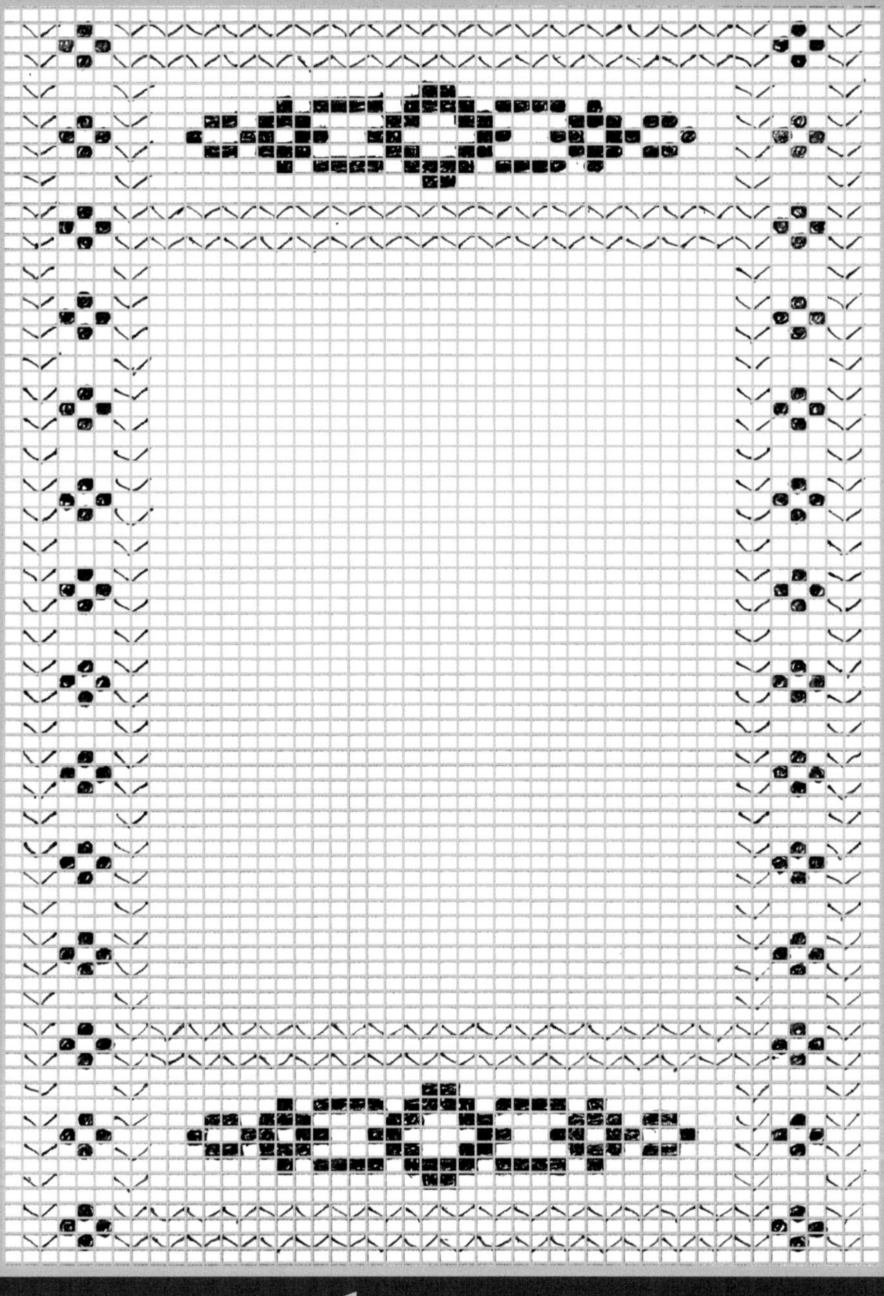

48 K 150 MA 25 x 36 cm 15 G

57 K   177 MA   32 x 43 cm   10 G

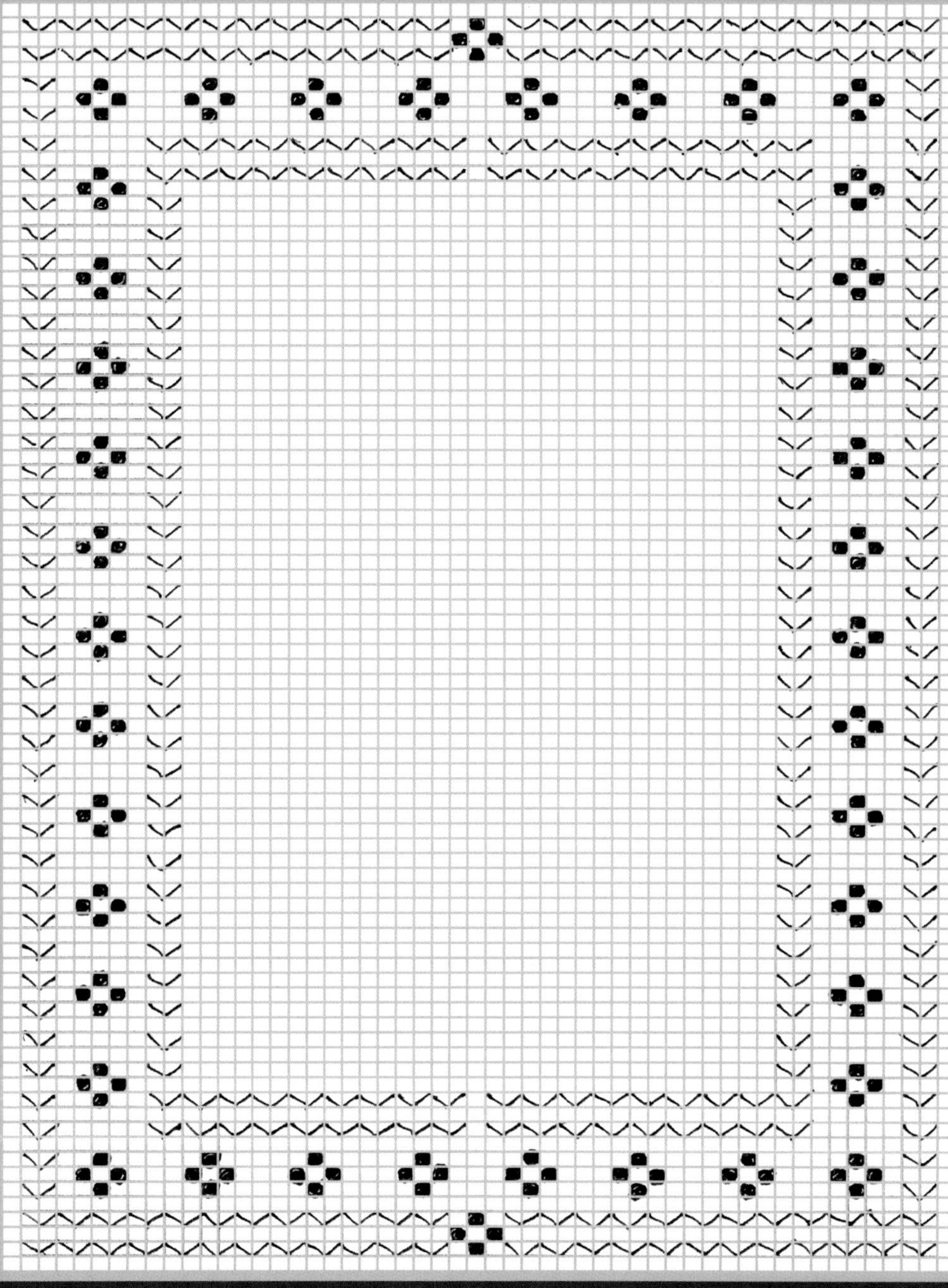

53 K 165 MA 27 x 36 cm 15 G

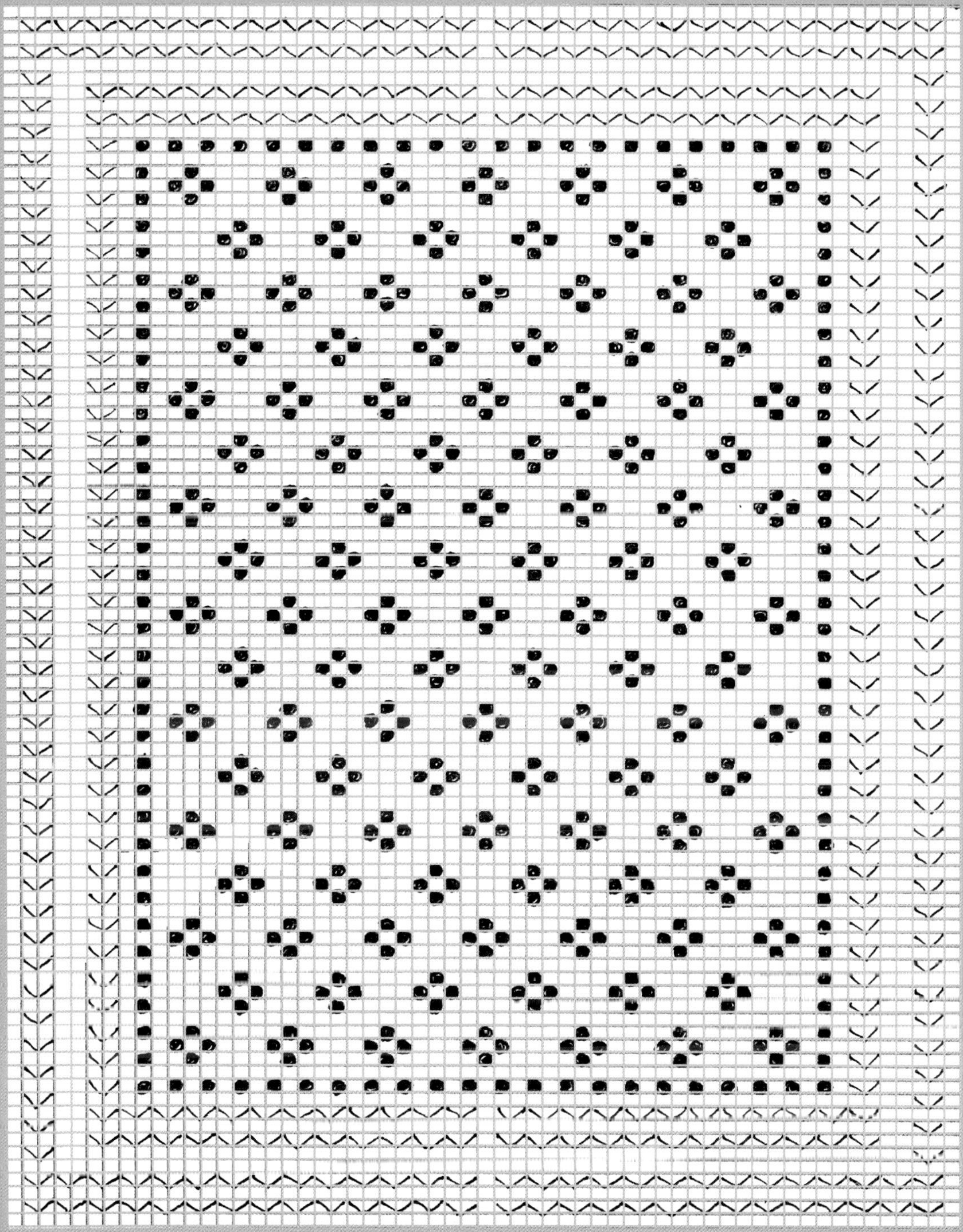

59 K 183 MA ⟷ 32 x 39 cm 10 G

53 K 165 MA 27 x 36 cm 15 G

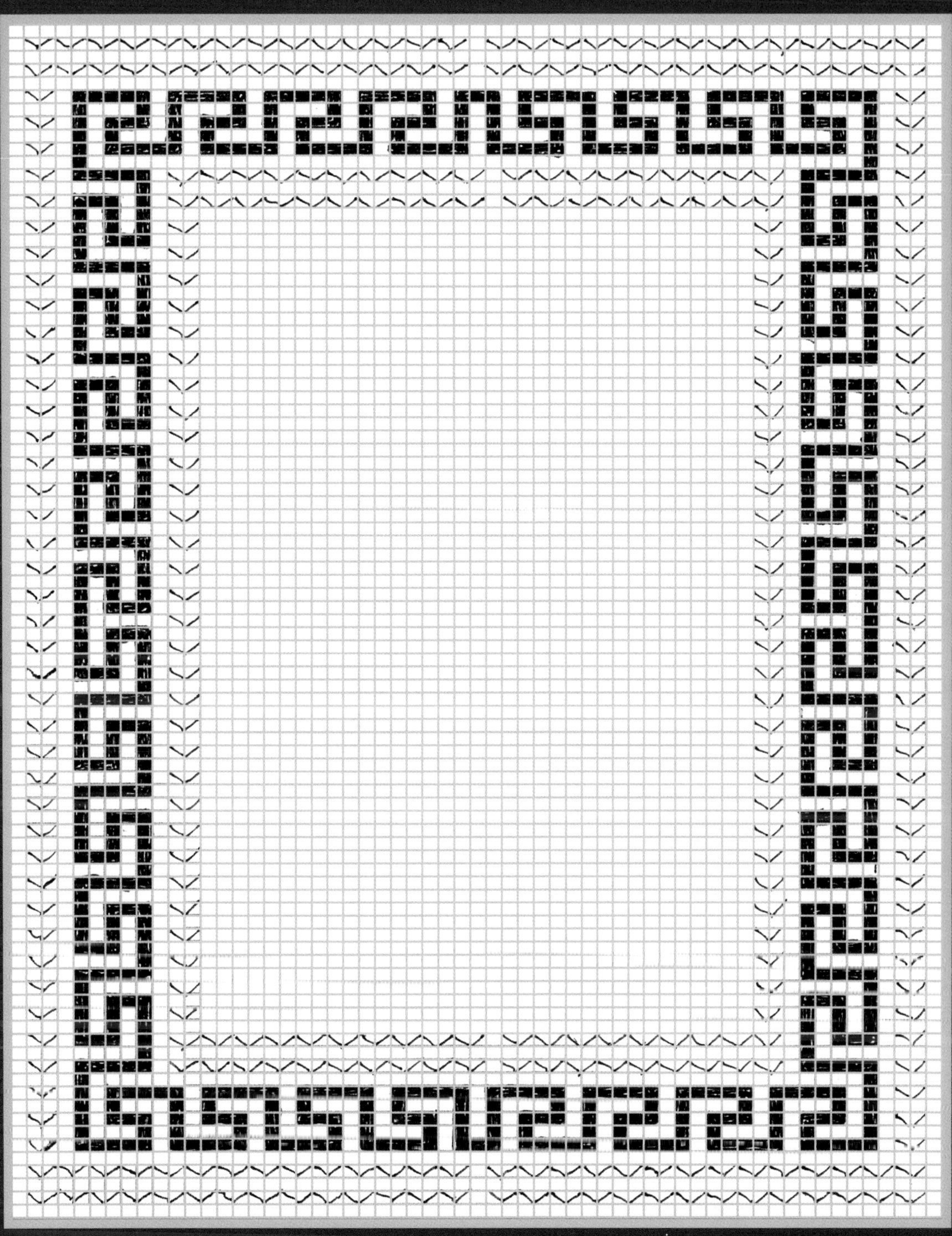

59 K 183 MA 30 x 38 cm 15 G

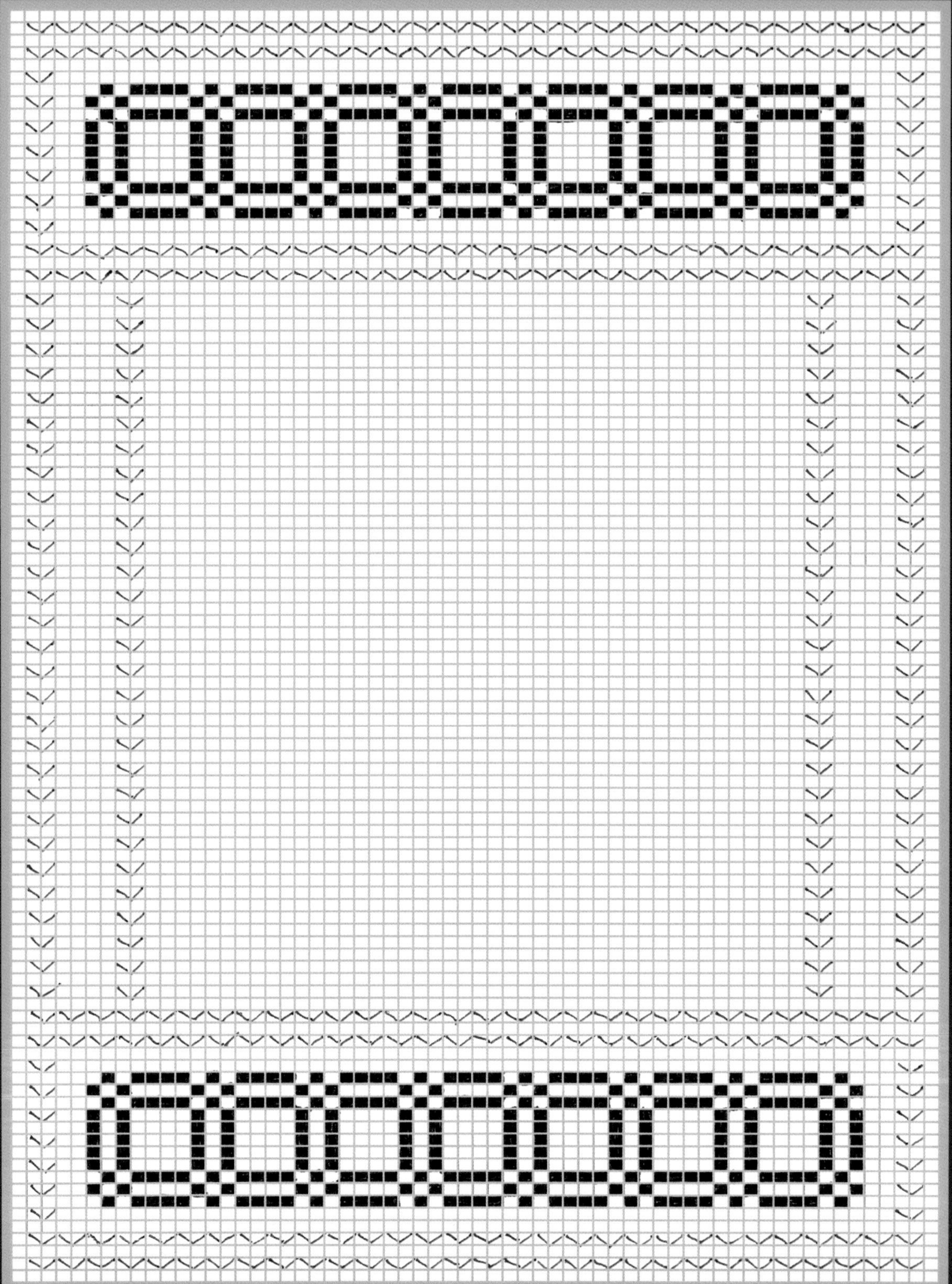

62 K 192 MA ⇄ 34 x 46 cm 20 G

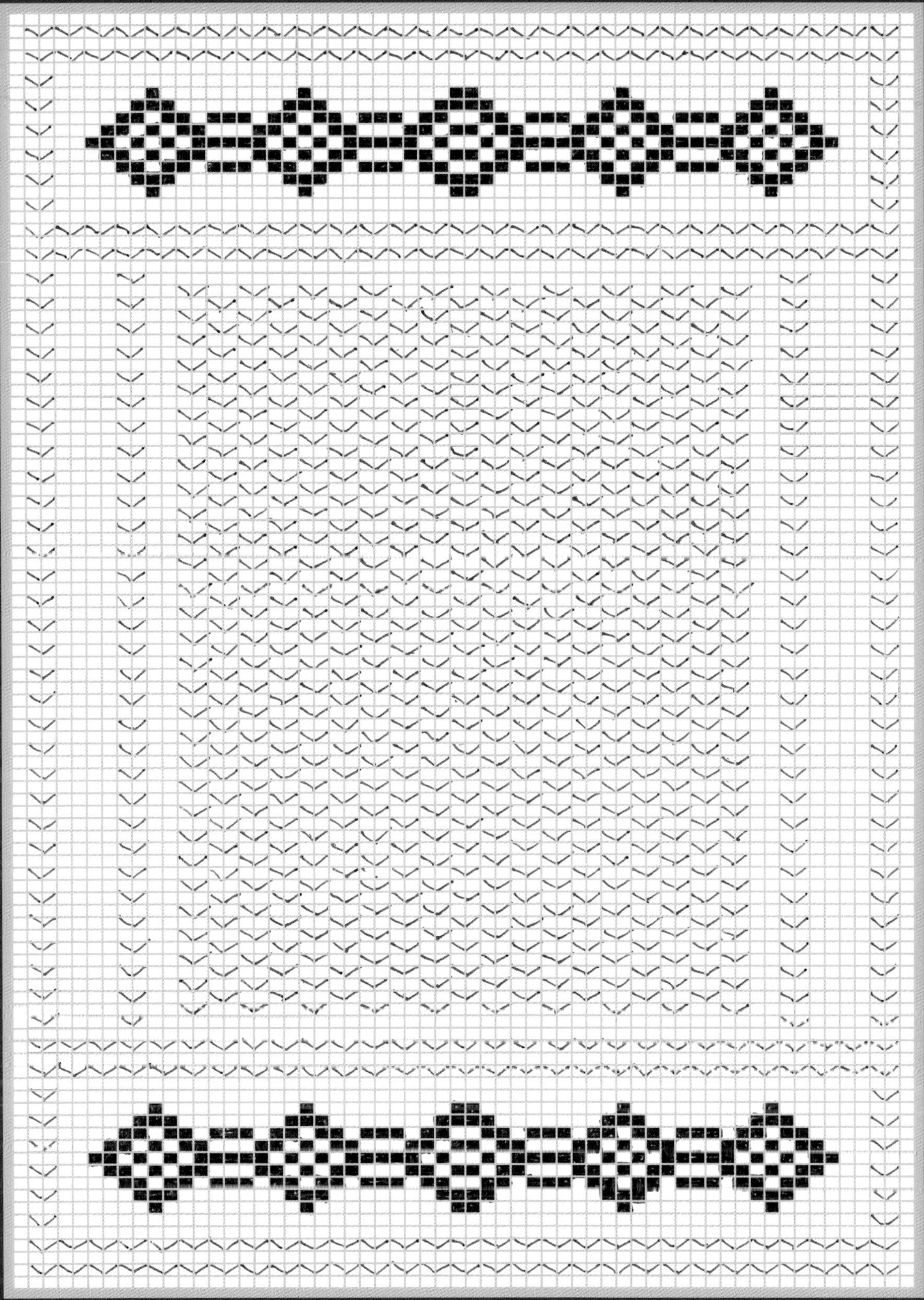

60 K 186 MA 33 x 45 cm 20 G

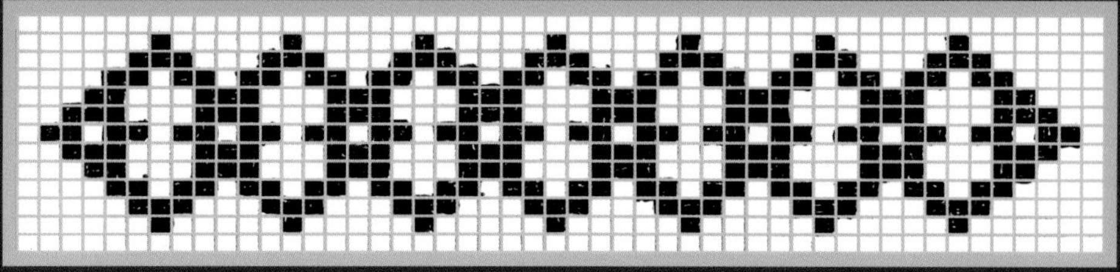

Ein zweiter Mustervorschlag

55 K 171 MA 30 x 38 cm 15 G

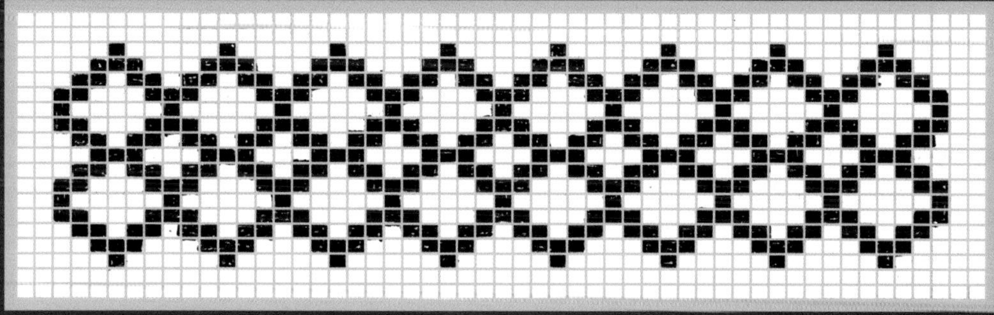

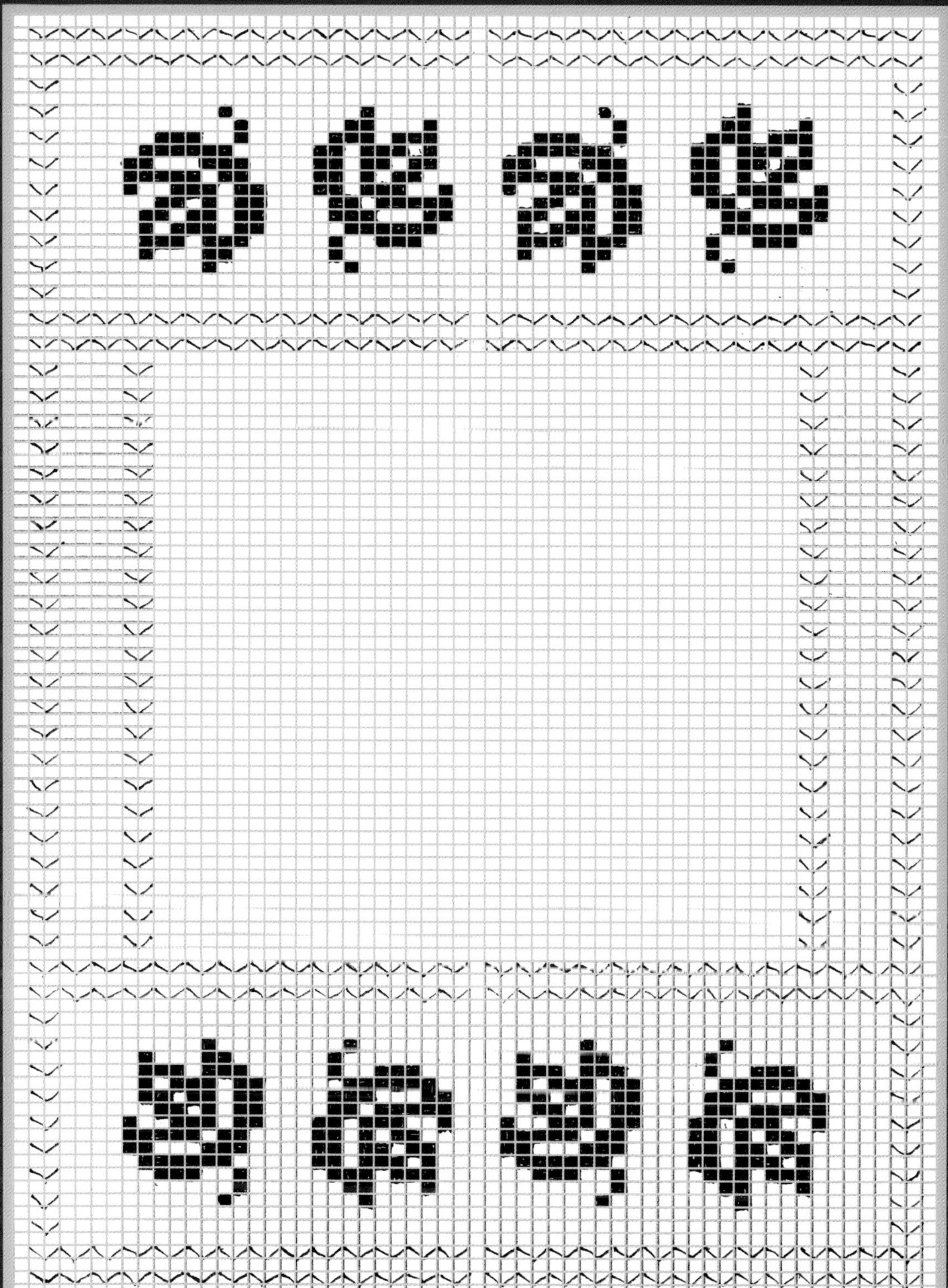

59 K 183 MA ⇄ 32 x 42 cm 10 G

59 K 183 MA ⇄ 32 x 42 cm 10 G

31 K
99 MA
16 cm
20 G

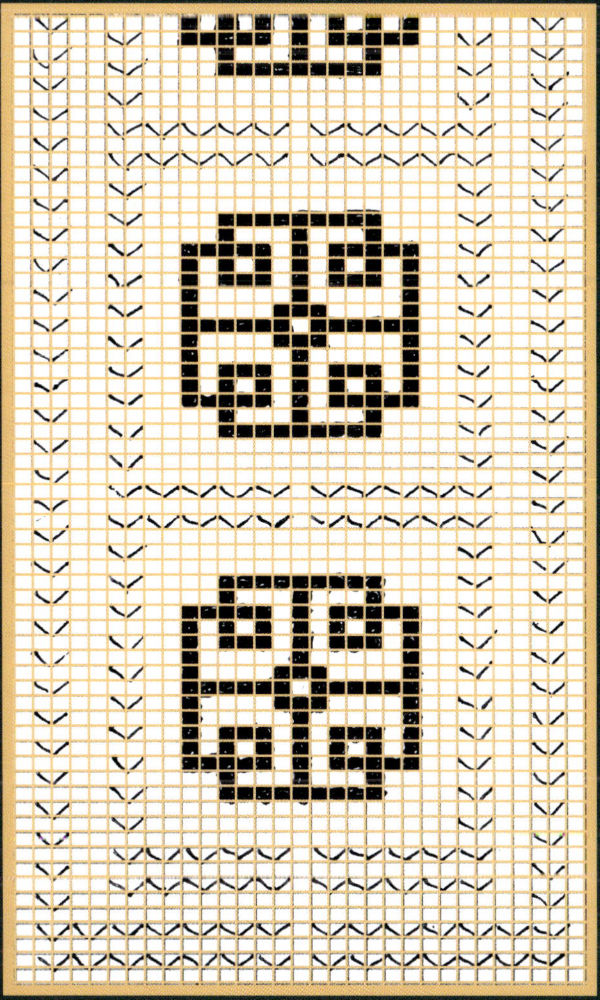

43 K
135 MA
21 x 21 cm
20 G

VERSCHIEDEN BREITE LAUFER

39 K
123 MA
15,5 cm
20 G

35 K
111 MA
16 cm
20 G

39 K
123 MA
19,5 cm
15 G

47 K
147 MA
23 cm
20 G

43 K
135 MA
20 cm
10 G

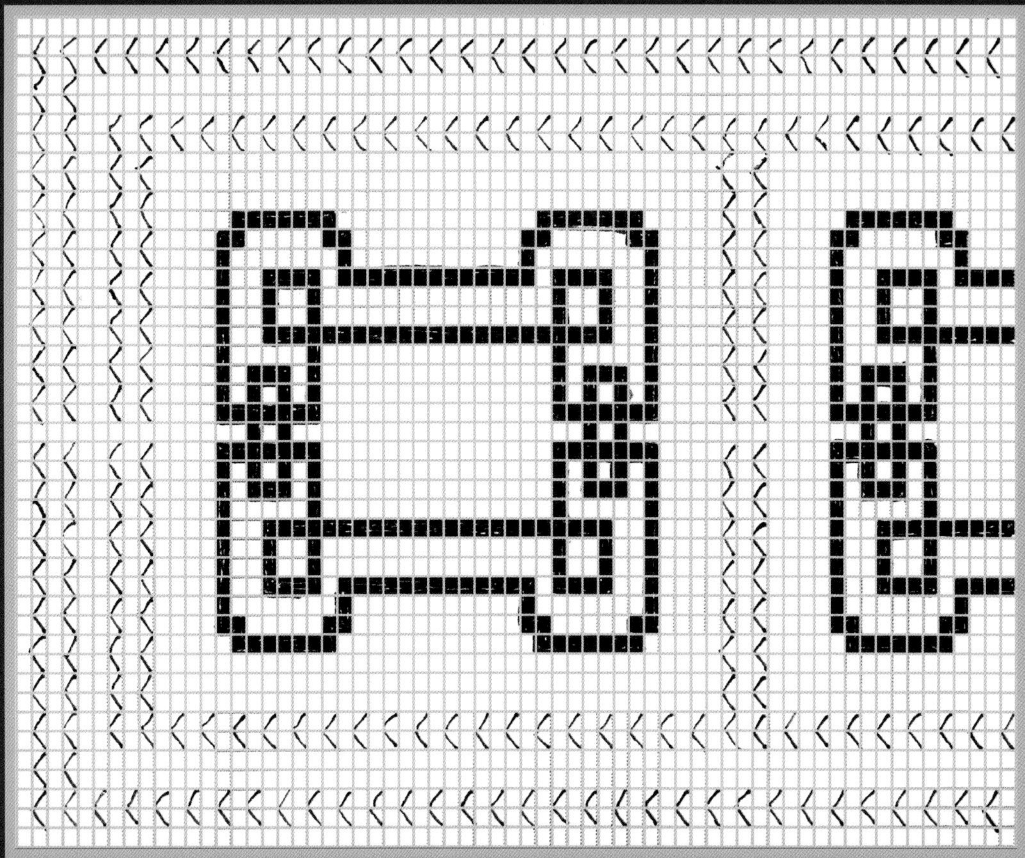

39 K
123 MA
123 cm
15 G

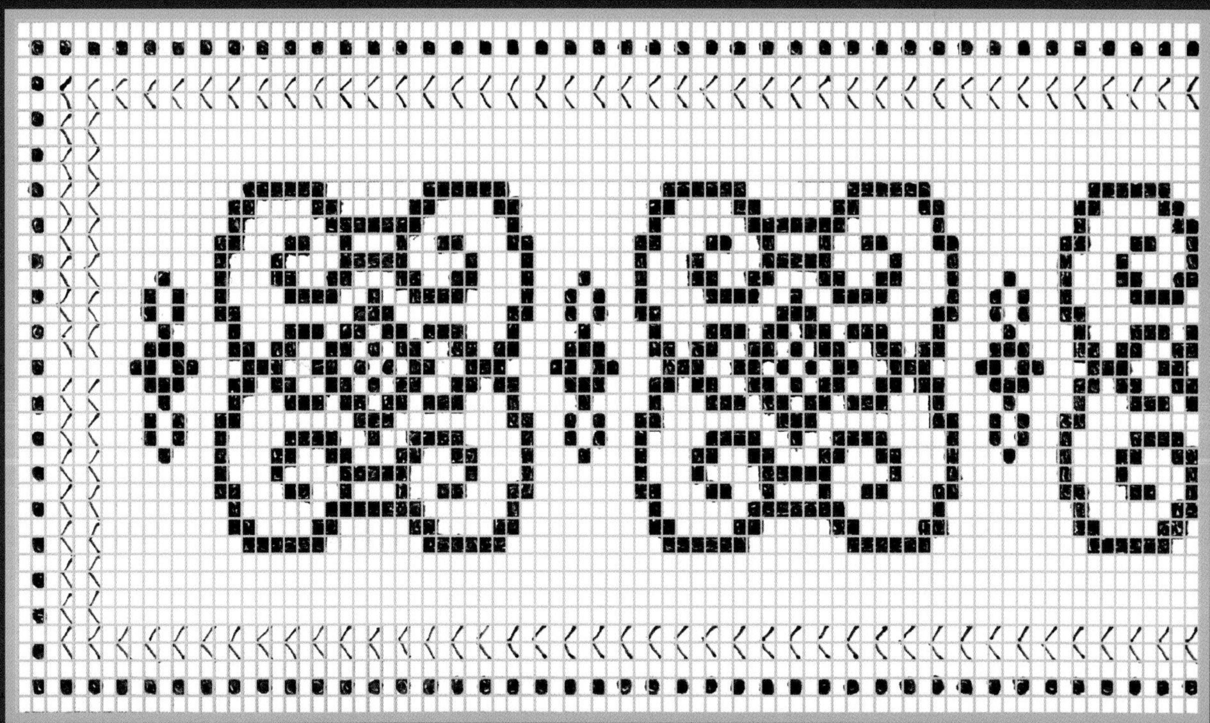

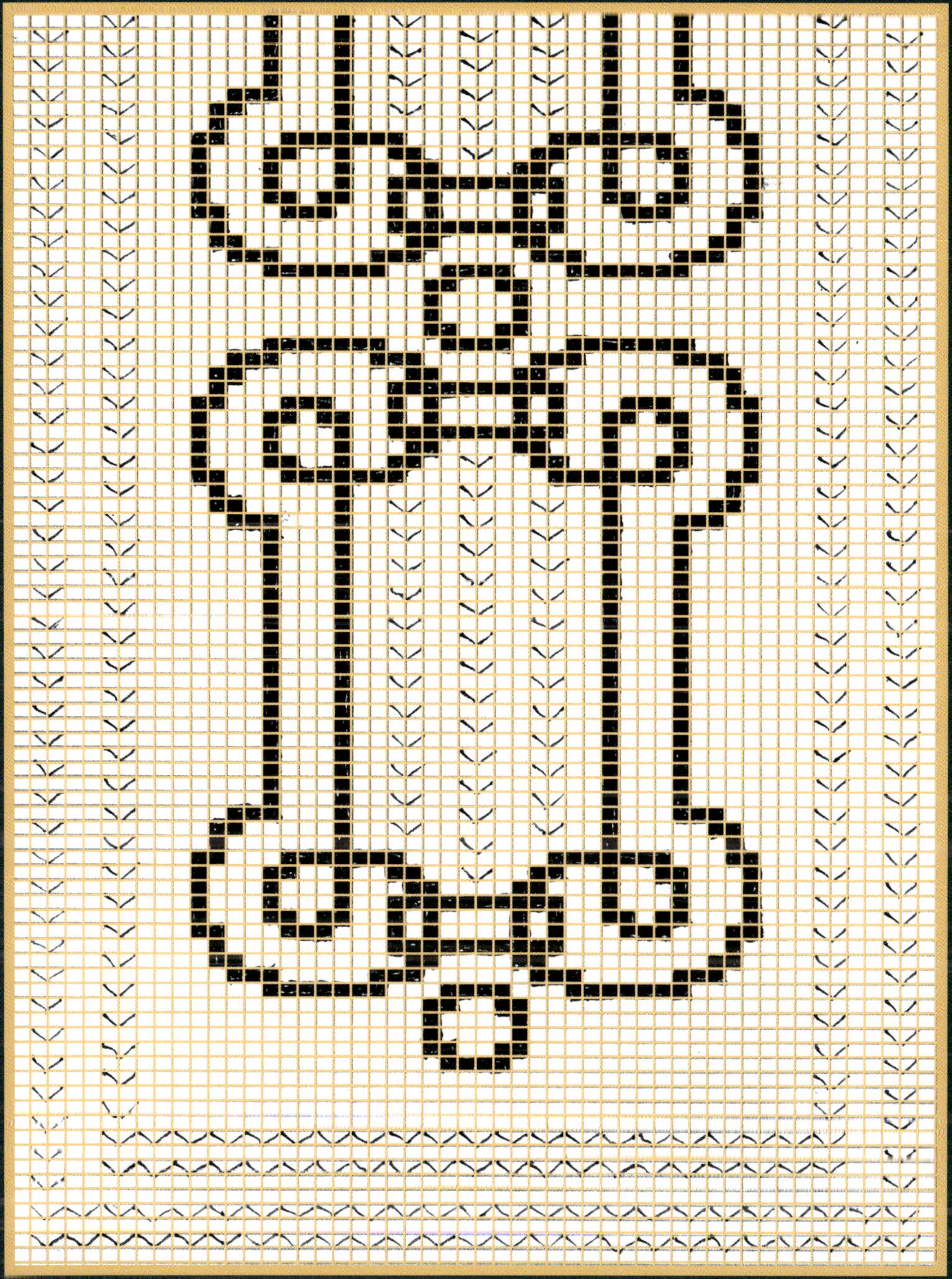

52 K 162 MA ⇄ 26 cm 15 G

43 K 135 MA ⇄ 19 cm 15 G

43 K 135 MA ⟷ 18 cm 15 G

41 K 129 MA ⇄ 19 cm 20 G

43 K 135 MA ⇄ 20 cm 15 G

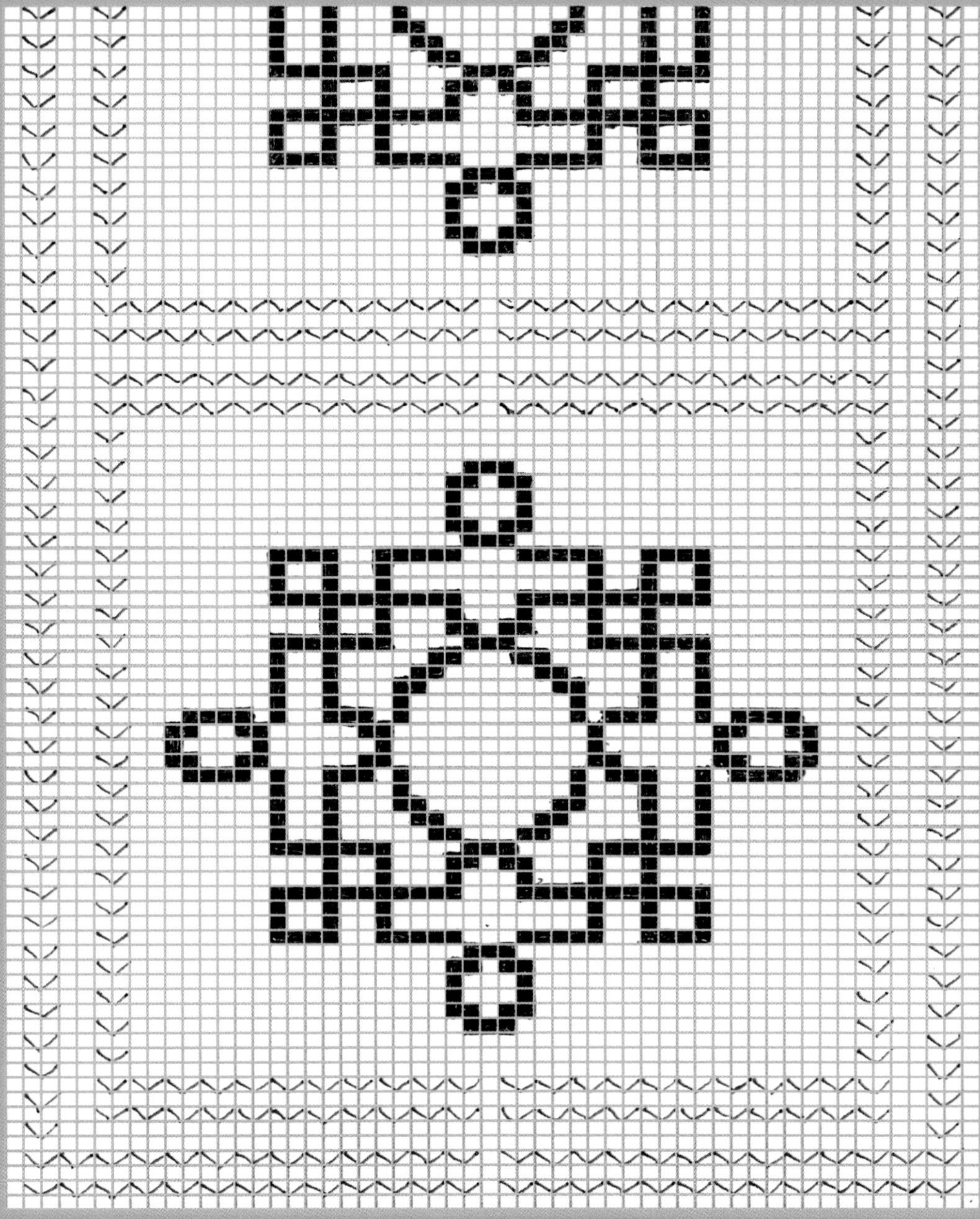

55 K 171 MA ⇄ 27 cm 15 G

55 K 171 MA ⇄ 28 cm 15 G

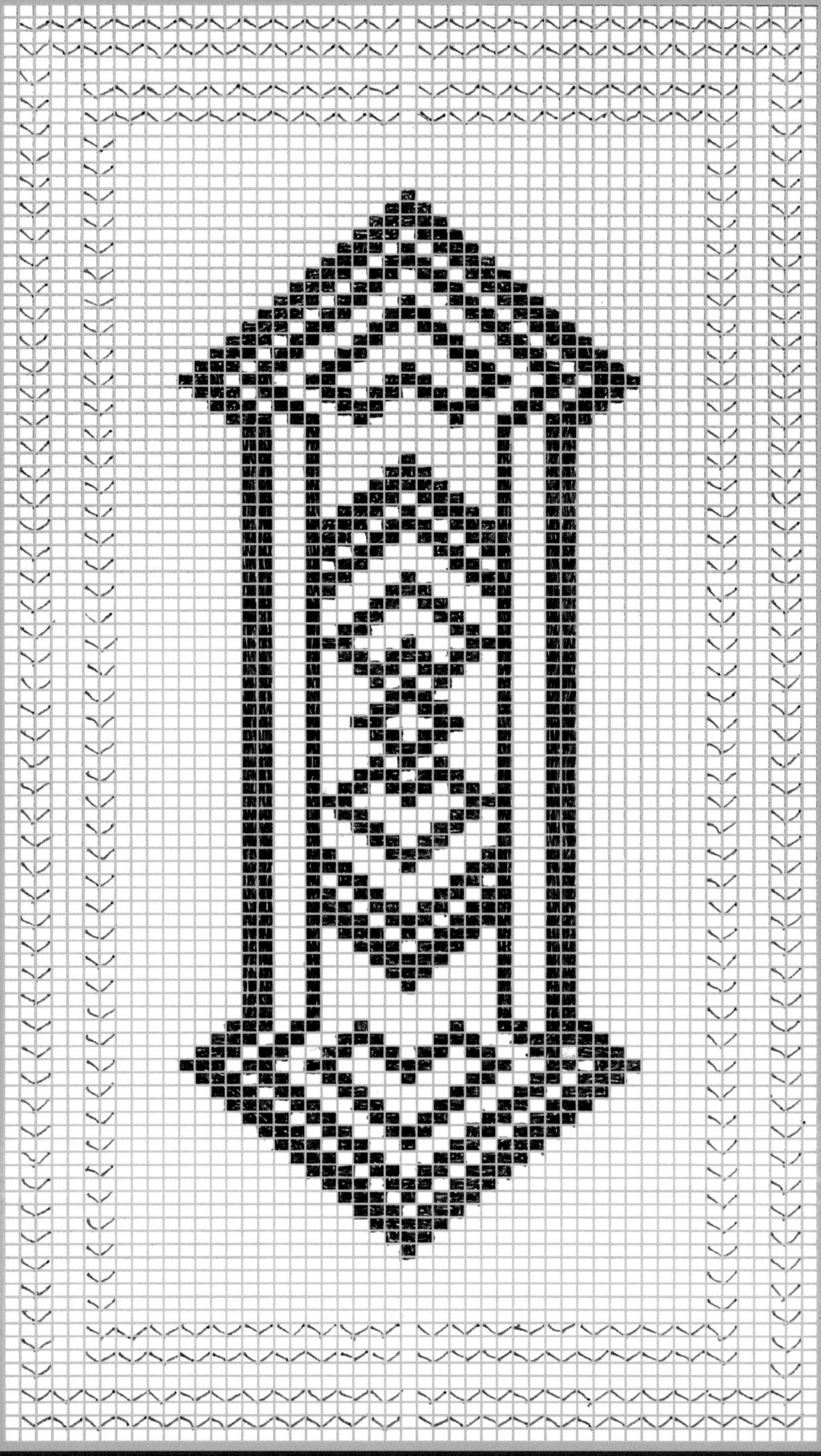

51 K 159 MA 26 x 45 cm 15 G

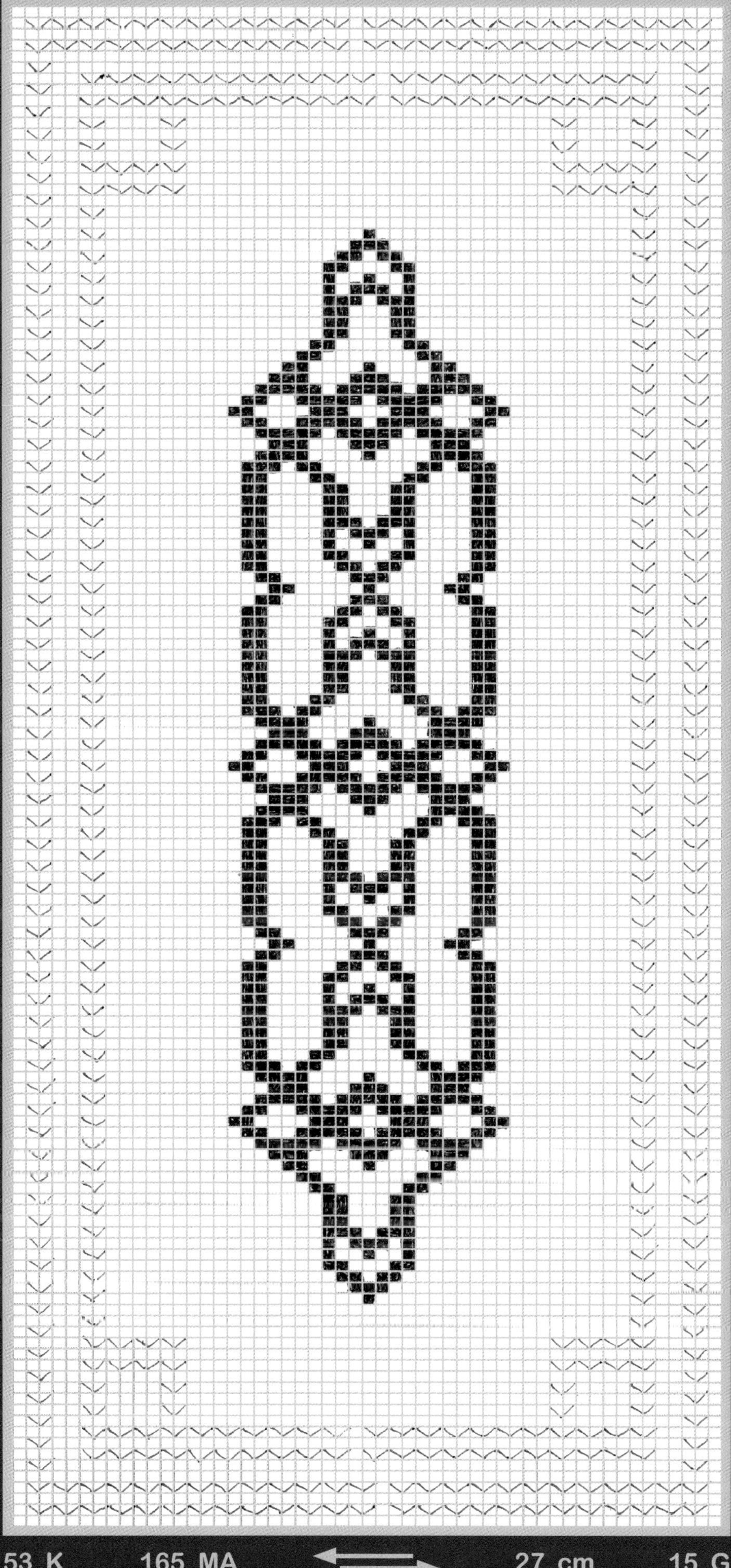

53 K 165 MA ⟷ 27 cm 15 G

Diese Häkelvorlage ist einer Holzintarsie in einer Kirche in Polen nachempfunden.

63 K 195 MA 30 cm 15 G

75 K 231 MA 38 x 38 cm 15 G

75 K 231 MA 37 cm 15 G

48 K 150 MA ⇄ 24,5 cm 20 G

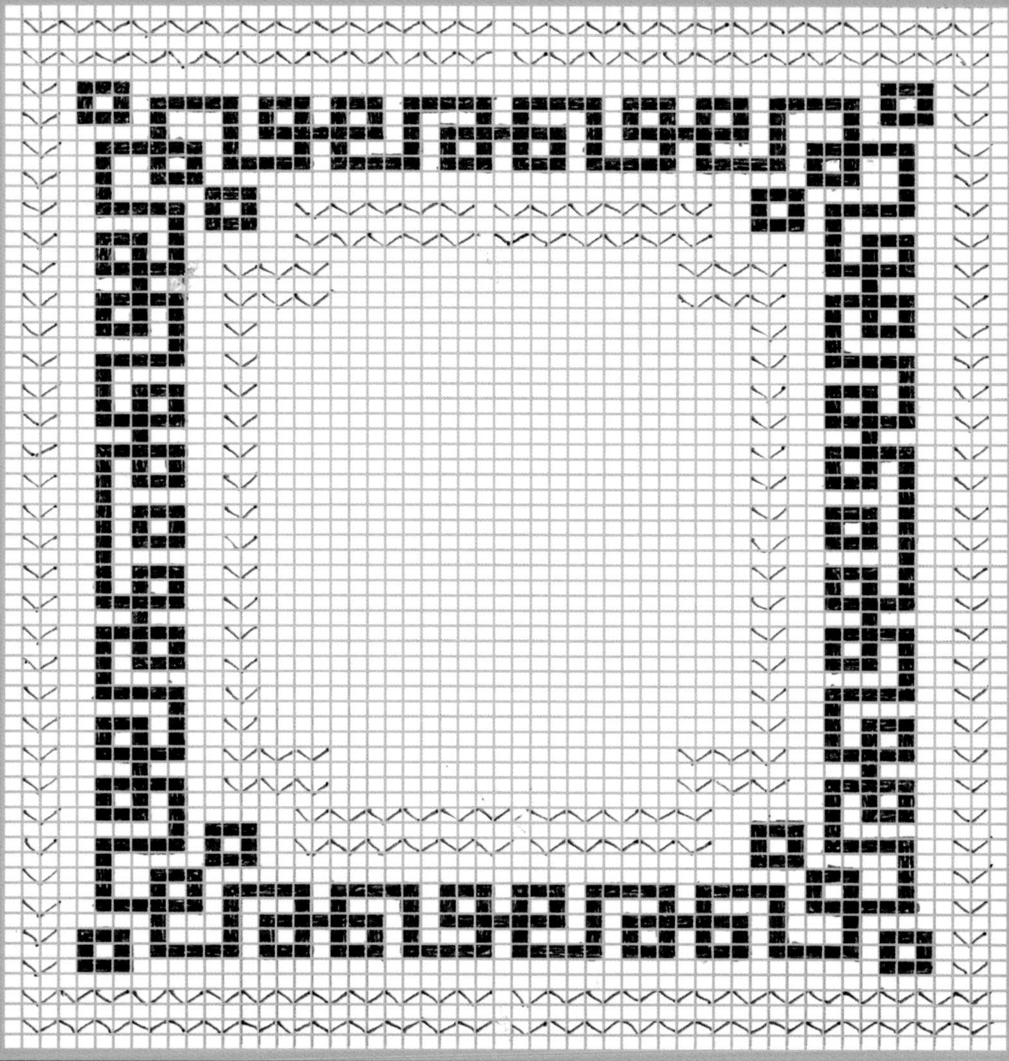

55 K 171 MA ⇄ 25 x 25 cm 20 G

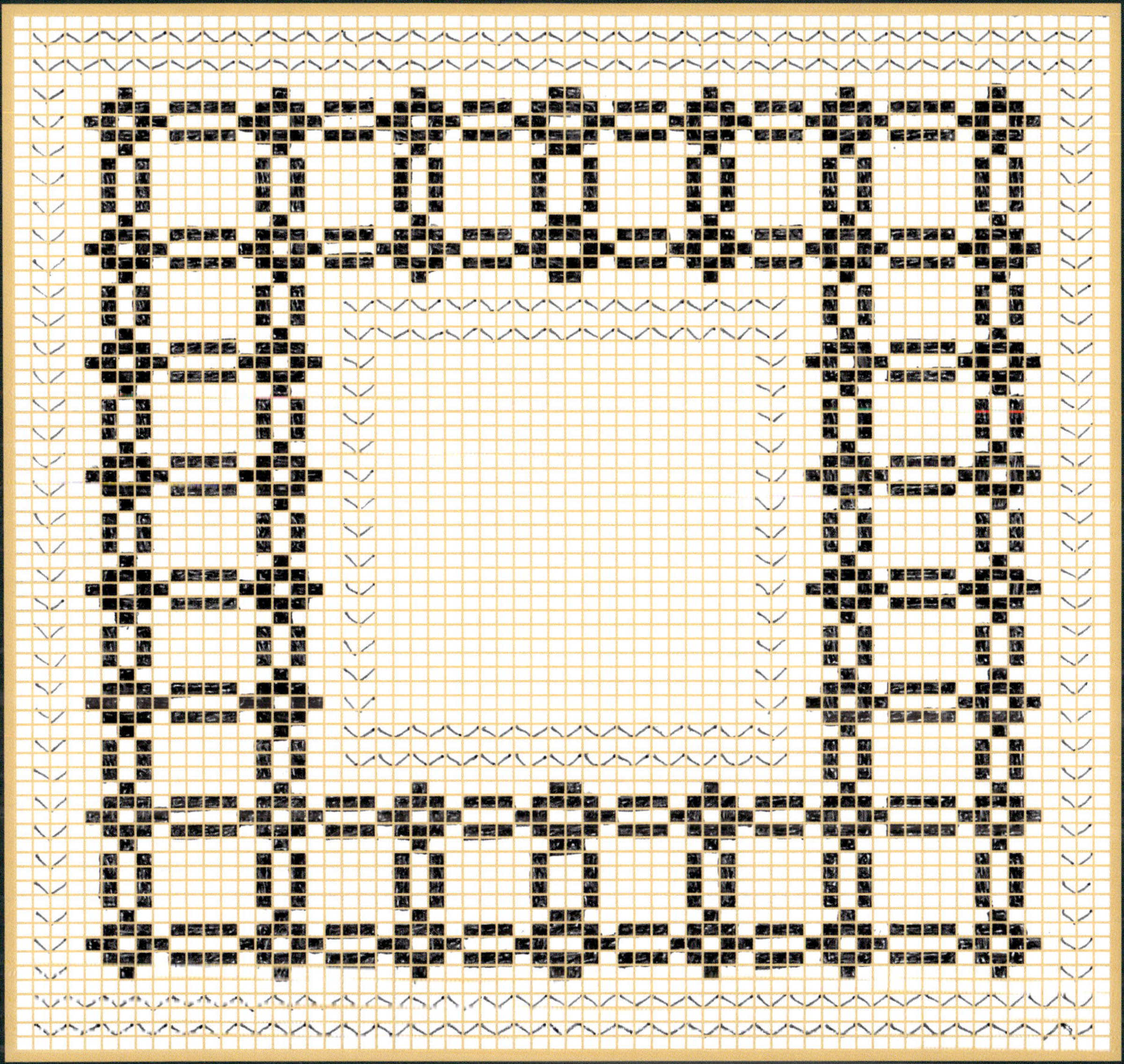

64 K | 198 MA | ⇄ | 27 x 27 cm | 20 G

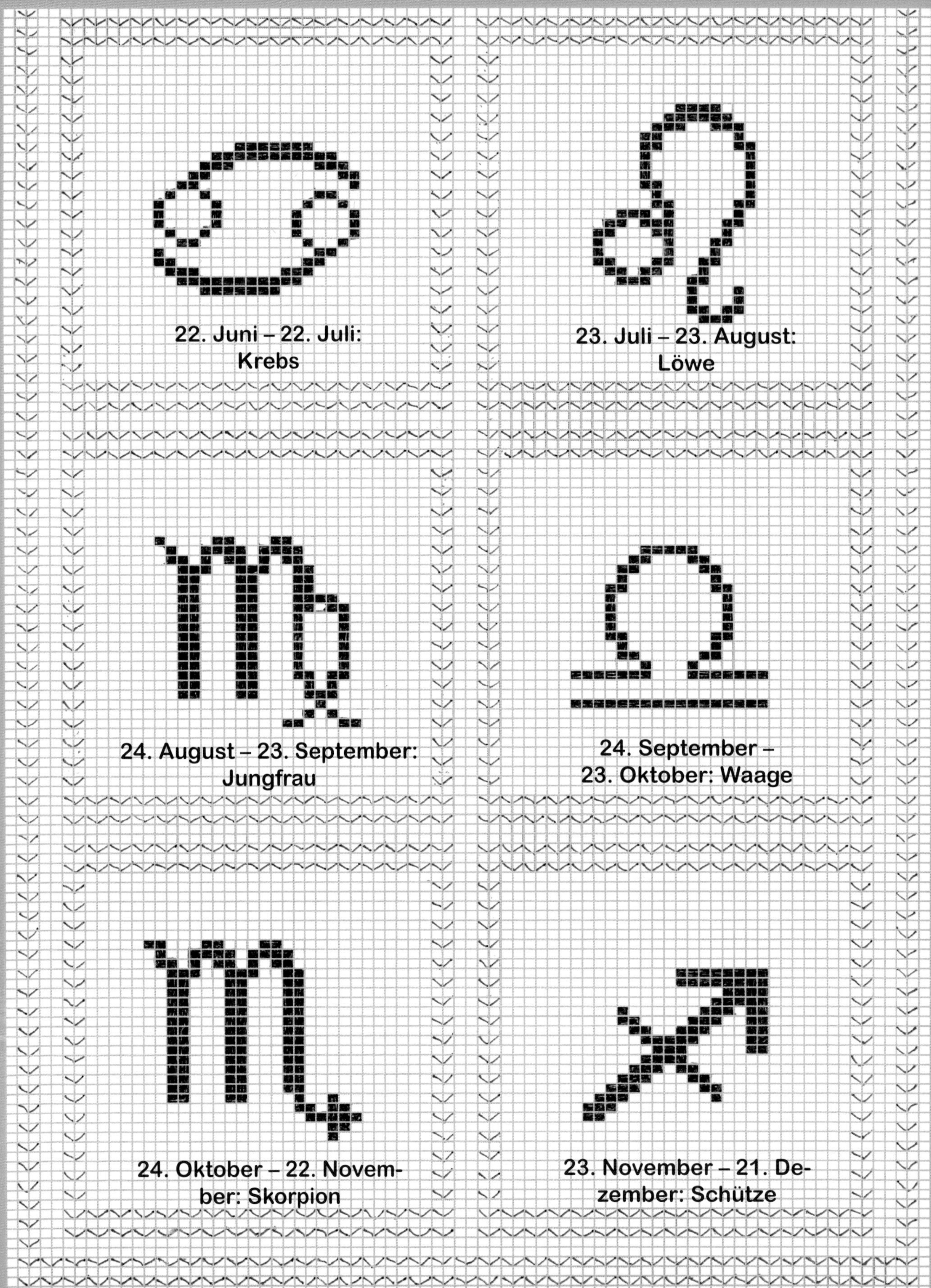

80 K 246 MA 40 cm 15 G

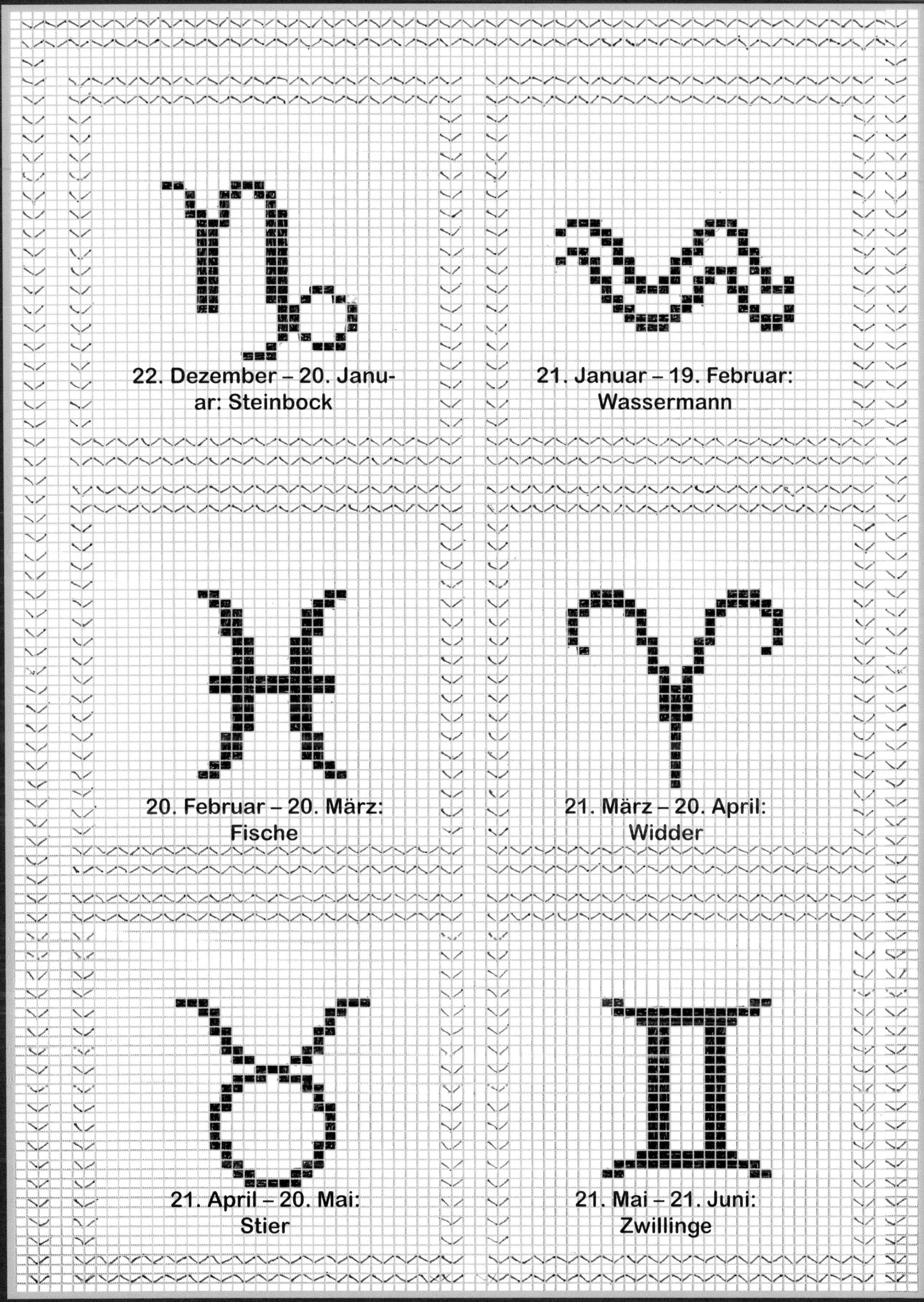
22. Dezember – 20. Januar: Steinbock
21. Januar – 19. Februar: Wassermann
20. Februar – 20. März: Fische
21. März – 20. April: Widder
21. April – 20. Mai: Stier
21. Mai – 21. Juni: Zwillinge

Sie können jedes der 12 Sternzeichen von den Seiten 60 und 61 für ein persönliches Deckchen häkeln.

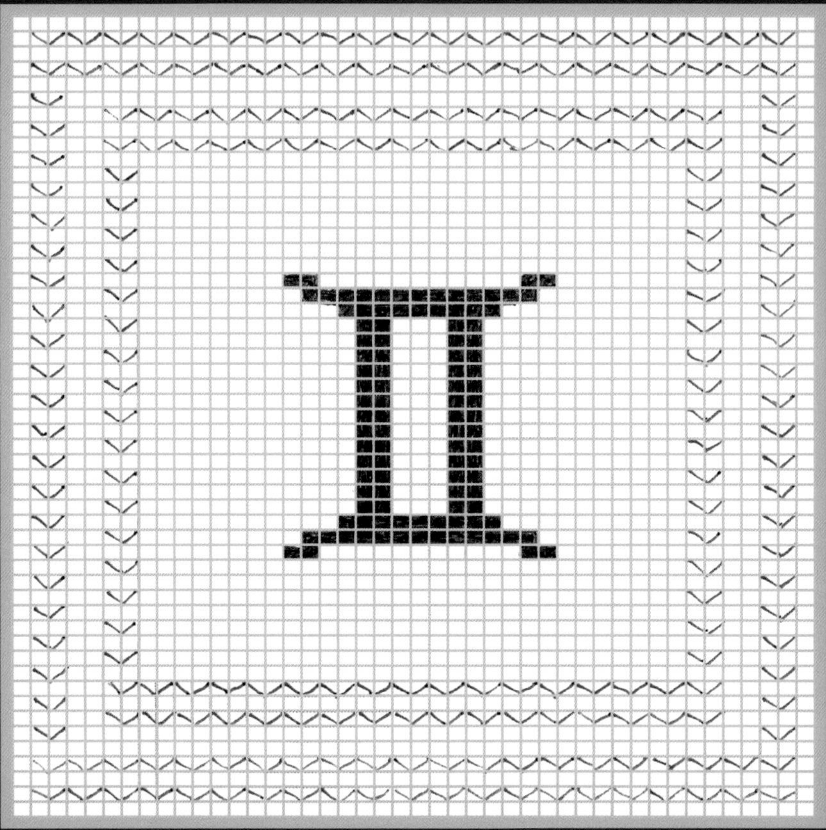

44 K 138 MA 20 x 20 cm 20 G

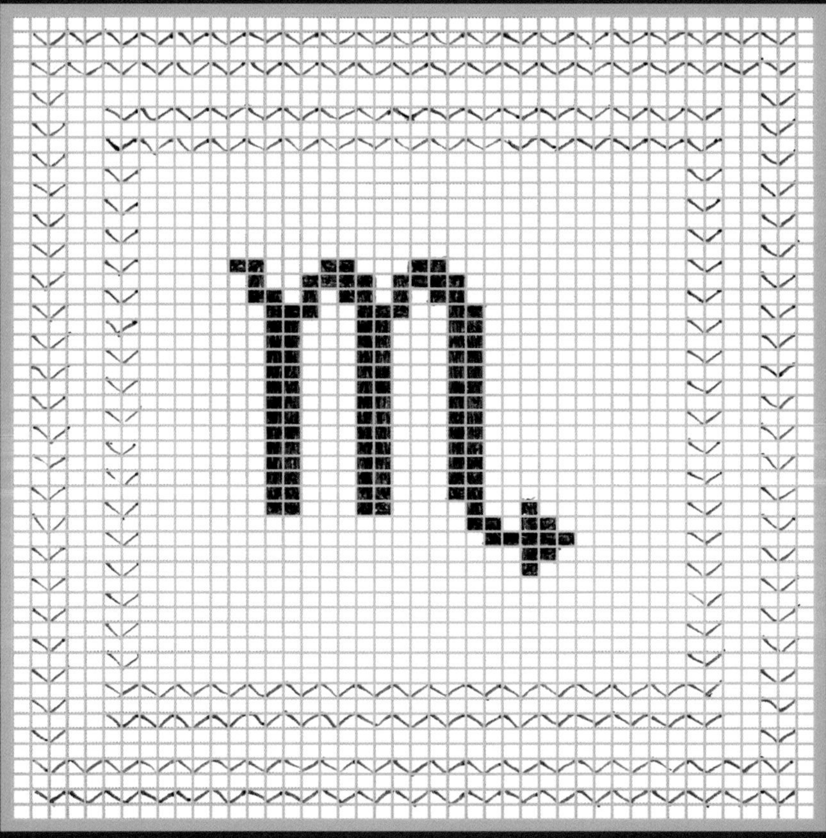

44 K 138 MA 20 x 20 cm 20 G

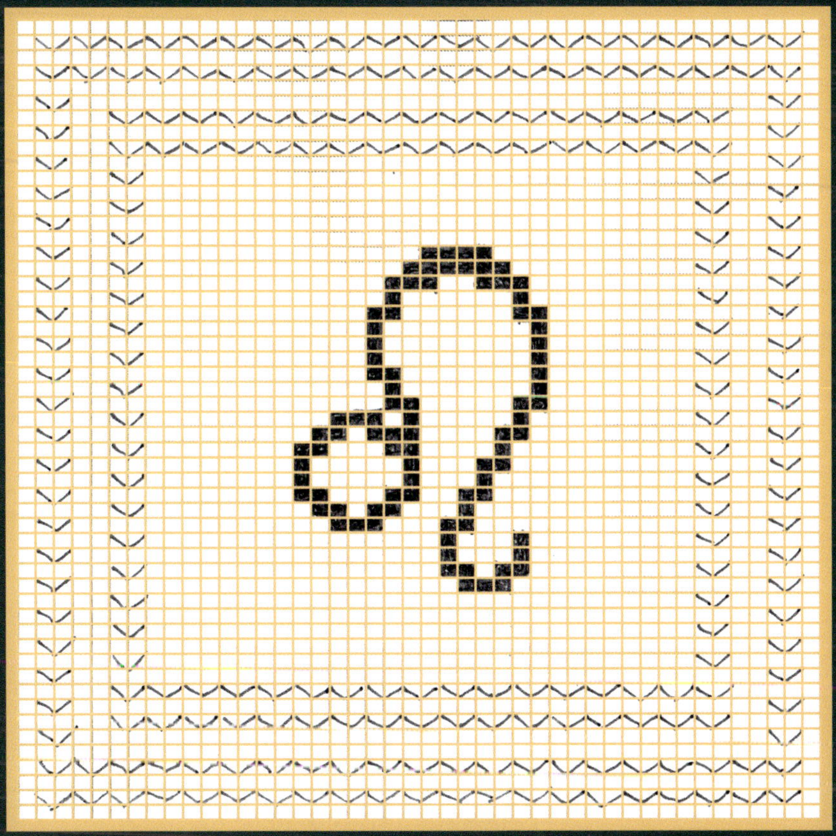

44 K 138 MA ⇄ 20 x 20 cm 20 G

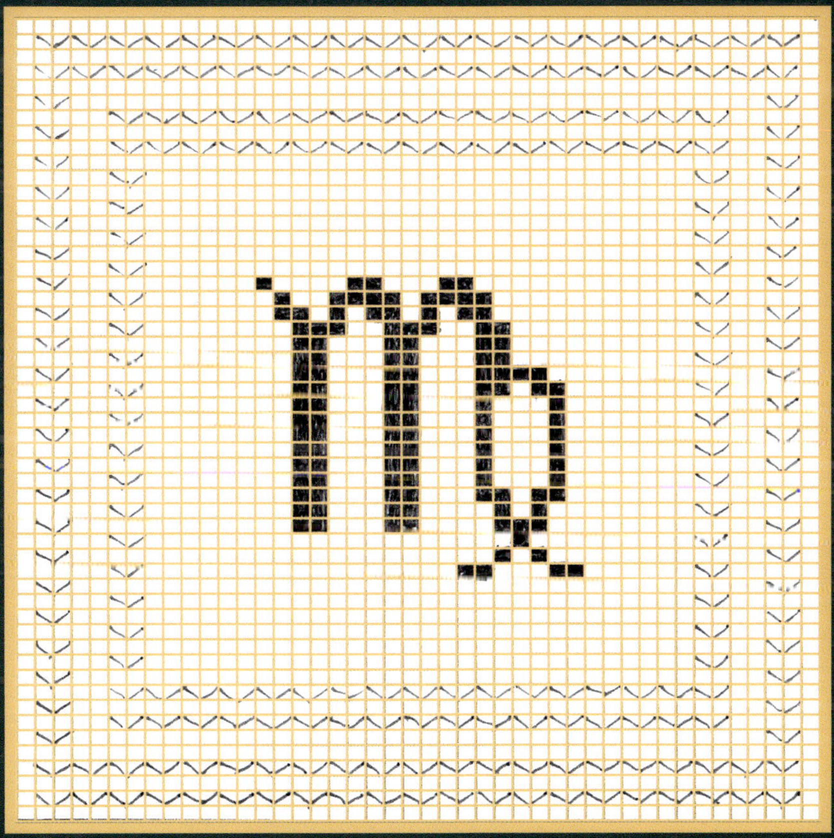

44 K 138 MA ⇄ 20 x 20 cm 20 G

JUGENDSTILLÄUFER
Untere Hälfte

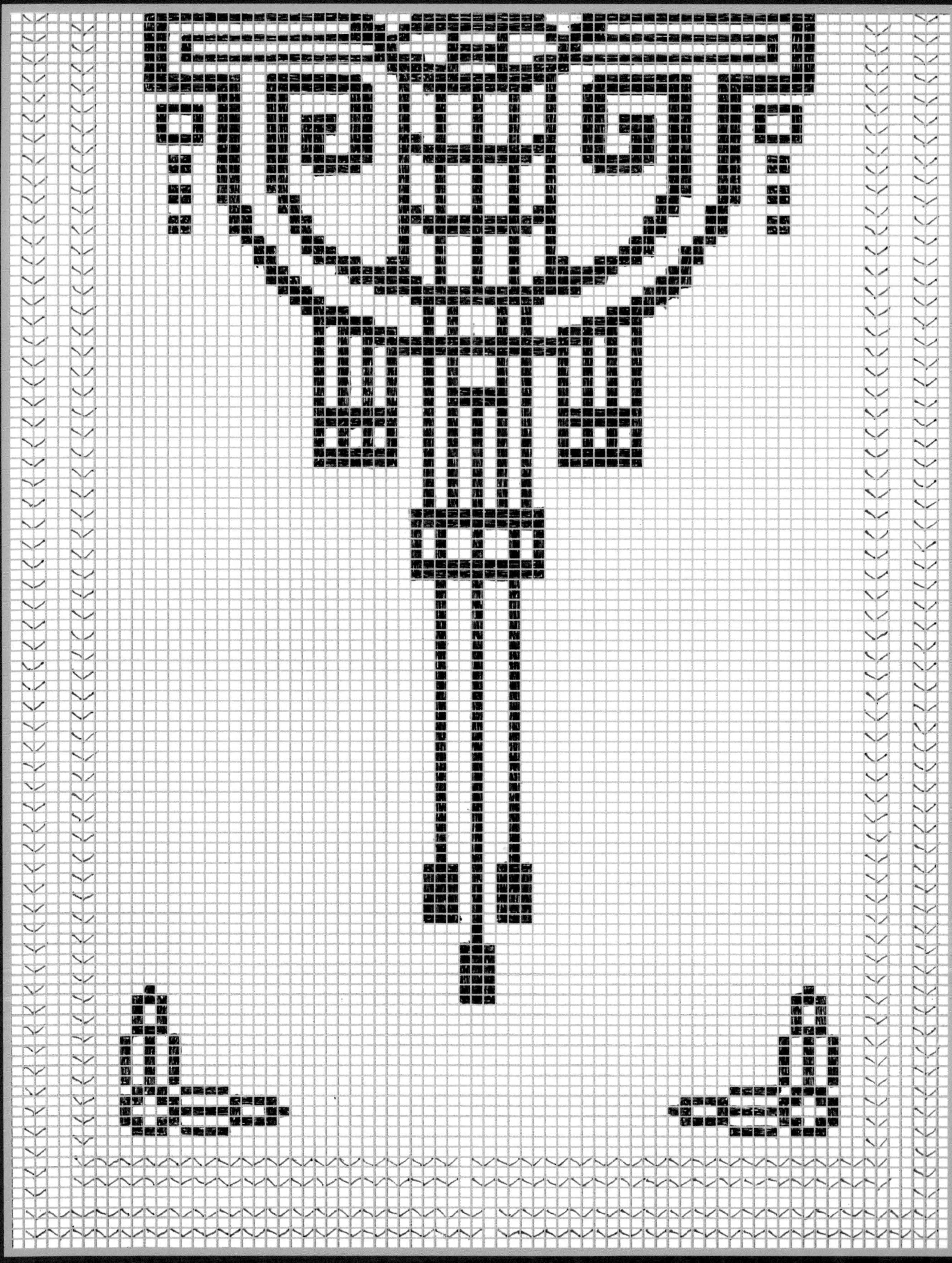

77 K 237 MA 38 x 140 cm 15 G

Oberes Stück bis über die Hälfte der Vorlage

Hälfte des Läufers

MILIEUDECKE MIT ALLEN 12 SYMBOLISCHEN STERNZEICHEN

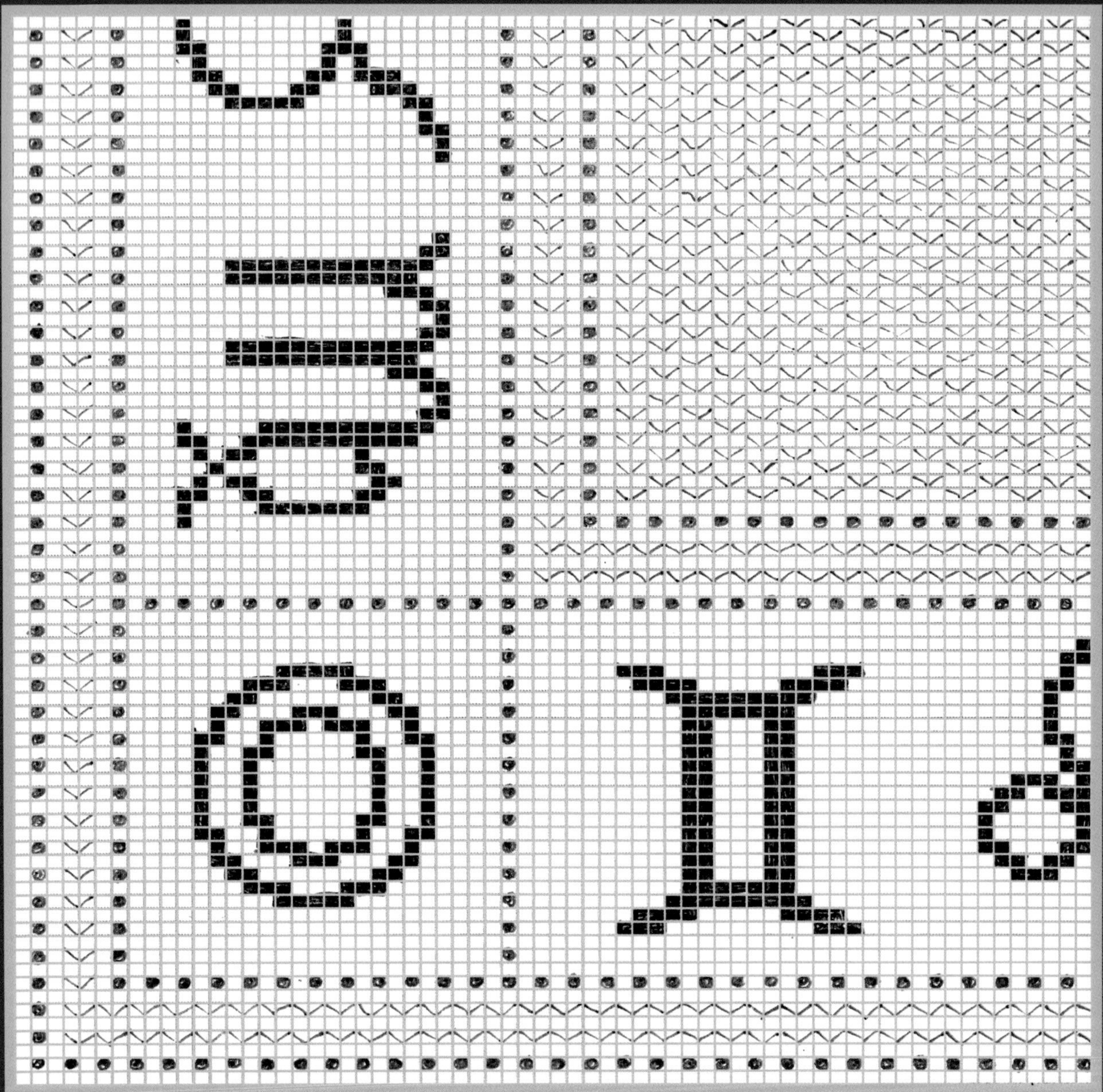

132 K 402 MA 62 x 62 cm 15 G

1. Viertel unten links

Kleiner Tipp: Ein Foto von der ganzen Milieudecke finden Sie auf Seite 6. Wenn Sie alle 4 Vorlagen kopieren und die Kopien zusammenkleben, ist das Nachhäkeln der Vorlage leichter.

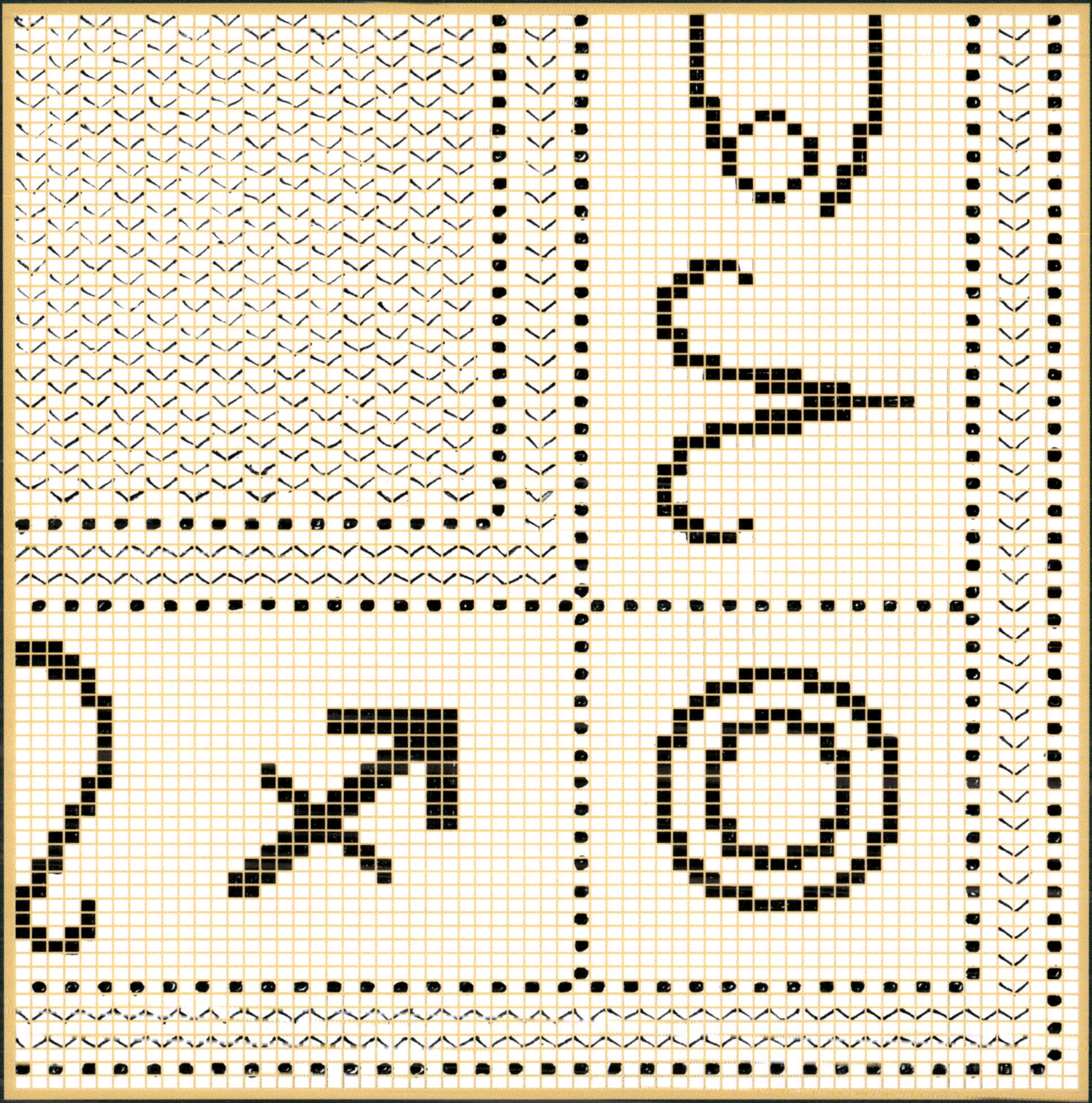

2. Viertel unten rechts

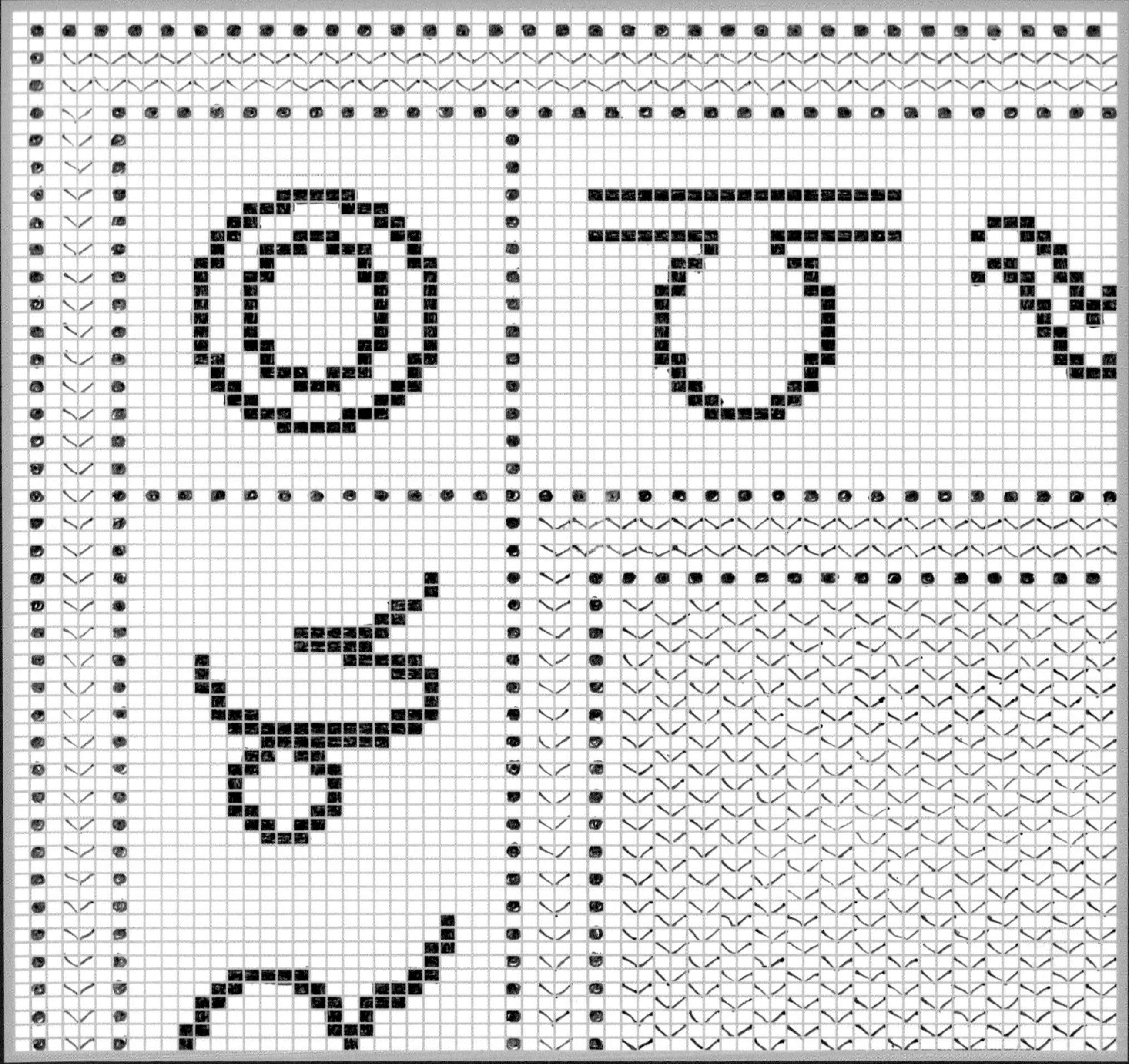

3. Viertel oben links

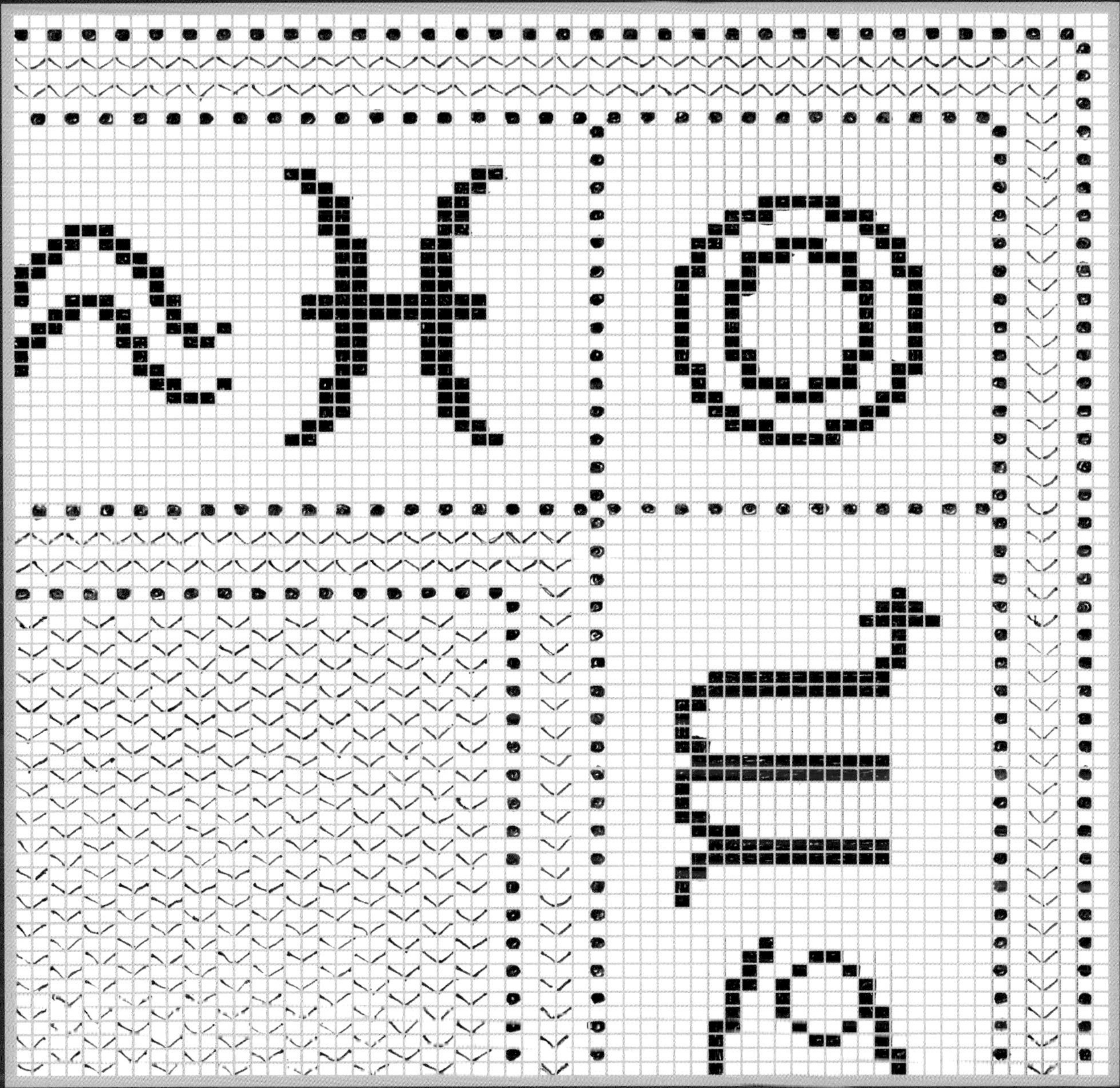

4. Viertel oben rechts

Das „Kellerfenster“ der Jugendstilbank in der Herrengasse in Graz kann nach dieser Vorlage gehäkelt werden.

81 K 249 MA 39 x 39 cm 15 G

Aus unserem Programm

ISBN 978-3-7020-1244-1

Aus unserem Programm

ISBN 978-3-7020-1869-6

Leopold Stocker Verlag
Graz – Stuttgart
www.stocker-verlag.com